BAIDU、TENCENT、ALIBABA

张秀娟◎著

中国财富出版社

图书在版编目（CIP）数据

BAT三国杀／张秀娟著．—北京：中国财富出版社，2016.9

ISBN 978－7－5047－6236－8

Ⅰ．①B…　Ⅱ．①张…　Ⅲ．①互联网络—高技术产业—产业发展—研究—中国

Ⅳ．①F492.3

中国版本图书馆CIP数据核字（2016）第192348号

策划编辑 丰　虹　　**责任编辑** 单元花

责任印制 方朋远　　**责任校对** 杨小静　张营营　　**责任发行** 邢有涛

出版发行 中国财富出版社

社　　址 北京市丰台区南四环西路188号5区20楼　　**邮政编码** 100070

电　　话 010－52227568（发行部）　　010－52227588转307（总编室）

010－68589540（读者服务部）　　010－52227588转305（质检部）

网　　址 http://www.cfpress.com.cn

经　　销 新华书店

印　　刷 北京京都六环印刷厂

书　　号 ISBN 978－7－5047－6236－8/F·2642

开　　本 787mm×1092mm　1/16　　**版　　次** 2016年9月第1版

印　　张 12.75　　**印　　次** 2016年9月第1次印刷

字　　数 182千字　　**定　　价** 39.80元

前　言

BAT是什么意思？是中国互联网公司百度公司（Baidu）、阿里巴巴集团（Alibaba）、腾讯公司（Tencent）三大巨头的首字母，也就是互联网三大巨头百度、阿里巴巴、腾讯公司的简称。

2015年4月20日，《福布斯》中文版发布了2015华人富豪榜，上榜的370位华人富豪净资产总额高达11519亿美元，华人在全球亿万富豪总人数中的占比首次超过20%。无论是上榜人数，还是净资产总额，都再一次延续了增长的趋势，备受关注的BAT互联网三巨头均入围富豪榜前十名。

从整个榜单看，BAT攫取了中国移动互联网的大部分收入，三家公司2014年的移动互联网总收入达到540.75亿元，而上榜的另外27家企业收入之和仅有337.82亿元。从主要收入来源看，BAT各有侧重。排名榜首的腾讯公司，2014年移动收入为221.71亿元，收入增长的主要推动力来自移动游戏业务。

不可否认，三大互联网巨头已经对中国电商的格局掌握了主动权：百度连接了人和信息，腾讯连接了人和人，阿里巴巴连接了人和商品，这也是三大巨头成为中国互联网“三座大山”、市值和产业控制力遥遥领先的核心原因。

但是，随着移动互联网的飞速发展，“连接人和服务”的O2O（线下商机与互联网结合）产生了千亿美元级别的机会，百度、阿里巴巴和腾讯三巨头在移动电商领域，也极尽所能展开了激烈的厮杀。

阿里巴巴：手机淘宝转变了发展战略，不再是单纯的网购 App，从手机购物节、“家政阿姨”到娱乐宝理财服务，手机淘宝从事的是一种以 O2O 为核心的移动服务。

腾讯：腾讯宣布入股大众点评网，大众点评接入微信支付，微信支付闭环打通，微电商崭露头角。

百度：2014 年 3 月 6 日，百度宣布糯米网正式升级为百度糯米、基于百度地图的 LBS 服务（位置服务）也正在飞速展开。

看似很小的一步，背后却是激烈的竞争！O2O，不仅是商业全面互联网化的最后阵地，也是规模最大的一块市场。只要在这个领域率先取得优势，就能够控制未来发展的关键市场。从 2013 年开始，席卷所有互联网企业的 O2O 变革，让所有的互联网企业都成了“对手”，企业家们针锋相对，开始了对 O2O 未来的争夺。

这是一场能改变互联网产业现有格局的最大“机会”，不仅让 BAT 三巨头相互厮杀，还有力防范了新生势力的颠覆。在 O2O 这场变局中，BAT 正在不遗余力地出击！

与互联网江湖时代各霸一方、基本相安无事的“三国鼎立”格局不同，在 O2O 领域，BAT 三巨头在细分市场与业务模式上凸显同质化，三巨头间的生死较量一触即发，你死我活的正面交锋在所难免！

作　者

2016 年 3 月

目录

CONTENTS

第一部分　管理模式之战

第二部分　经营模式之战

第三部分 赢利模式之战

第四部分　投融资模式之战

第五部分　运营模式之战

第一部分　管理模式之战

第一章　腾讯——打铁还需自身硬

人才文化：关心员工成长

腾讯的管理理念是“关心员工成长”。当员工走进办公室的时候，当他们的生活与企业同步运转时，他们的小成长就会积累起来，实现腾讯企业规模的再生长。

2011 年 4 月 25 日，腾讯 CEO（首席执行官）马化腾在一封员工邮件中称，为了加大员工调薪力度，员工的薪酬不仅与公司业绩、个人绩效等因素挂钩，还要参考国内 CPI（居民消费价格指数）增幅加大等外界因素。同时，还要设立“腾讯安居基金”，3 年内投入 10 亿元，为首次置业的腾讯正式员工提供一定额度的免息住房贷款。

这里我们为大家节选了邮件的部分内容。

1. 加大年度调薪力度，让员工的年收入实现增长

腾讯之所以要进行薪酬调整，主要就是想让每位腾讯员工通过自己的努力，在个人收入上得到更加有力的回报。本次调薪，公司特别向董事会申请额外追加了年度加薪的预算。不仅考虑了公司业绩与个人绩效等因素，还充分考虑了国内 CPI 增幅加大等影响员工实际收入水平的外界因素。

2. 优化薪酬结构，提高员工每月的可支配收入

为了让员工每月的可支配收入更好地应对生活开销，生活更加稳定，提高生活质量，公司还对现有正式员工的薪酬结构进行了优化：在个人年收入总数不变的基础上，将年底目标奖金的一部分转移到固定月薪中，增加员工每个月的收入和支付能力。

具体的调整方案为：把原来15.3个月的薪酬结构调整为14个月；在年收入不变的情况下，员工每月实际的税前月薪可提高9.3%。

3. 调整深圳住房公积金缴交比例

如果深圳市的具体执行政策维持不变，公司将在7月对深圳员工的住房公积金缴交比例做必要的调整，在符合国家政策法规的前提下，确保员工的个人利益得到最大的保障。

4. 设立并实施“腾讯安居基金”

随着这几年的发展，员工也在不断成长，逐渐有了自己的小家庭。根据目前的房价状况，置业并不是一件容易的事。为了给很多在腾讯工作了若干年却还没有房子的同事提供帮助，公司设立了“腾讯安居基金”，在3年内投入10亿元，为符合基本条件、需要首次置业的腾讯正式员工提供一定额度的免息住房贷款，资助他们早日安居。

愿景：最受尊敬的互联网企业

2004年6月，随着腾讯在中国香港的上市，对于企业的发展，腾讯公司主要创始人之一、首席行政官陈一丹感受更多的是一种责任。虽然腾讯创建

只有十多年，可是已经成为亚洲最大、世界第二的互联网即时通信服务提供商。陈一丹觉得，公司发展得越大，企业的责任也就越大！谈到企业的愿景，他说："腾讯很清楚自己的责任，我们的任何经营行为都可能会影响到上亿的用户，甚至会影响到整个行业的风向，只有得到用户的尊敬和爱护，才能确保腾讯未来的健康发展！"

面对腾讯的发展，很多人都发出了这样的质疑：腾讯未来会怎么走？其实，从腾讯刚刚成立的时候，这个问题就是腾讯创业团队的一个共同话题。虽然很多人都希望腾讯能够成为中国最大的互联网企业，成为市值最高的互联网企业，成为收入和利润最多的互联网企业，可是腾讯的领导者却将公司的发展愿景定位在了这里——成为最受尊敬的互联网企业！

价值观：正直、尽责、合作、创新

腾讯的价值观是：正直、尽责、合作和创新。为了实现这一价值观，全体员工都共同理解和执行着腾讯企业文化。腾讯发挥着正确的引领作用，具体表现为：

首先，不断地承担起更多的使命和社会责任，依托自身的网络平台和资源优势，促进了社会的和谐发展。

其次，腾讯利用互联网技术和服务，提升了人们的生活品质，其产品和服务像水电一样源源不断地融入了人们的生活中，丰富了人们的精神世界和物质世界，人们的生活更加便捷。

最后，腾讯是一家一切以"用户价值"为依归的企业，凭借"正直、尽责、合作、创新"的价值观，时刻保持着对用户需求的敏感，非常重视用户的体验，会超水平地满足用户的期望。

在"正直、尽责、合作和创新"四个词中，为何要将"正直"排在腾讯价值观第一位呢？因为腾讯希望自己的员工做人能够以德为先，正直是根本！“正直”是个很有宽度的词汇，既包含了公正、正义、诚信等内涵，也包含了尊重自己、别人、规律和制度的内涵。腾讯理解的“正直”很简单，就是：做事做人都要出于公心，要给用户创造价值，要有利于企业持续健康的发展。因为腾讯知道，只有如此，企业才能走得更远！

社会责任：企业越大，责任越大

在中国的社会环境中，优秀企业还肩负着一个特殊的“社会责任”——通过自身的行动影响和带动更多的企业，营造良好的行业氛围！可是，目前企业社会责任在我国虽然是一个被广泛讨论的话题，但依然没有深入人心。

作为重要的信息产业，互联网行业竞争非常激烈，甚至有点恶劣，在行业内，经常会出现一些侵权现象，对行业的形象和健康发展造成了极大的伤害。作为自主创新的高科技企业，在企业内部推行知识产权保护和发展战略非常重要，因此，腾讯便将互联网知识产权保护作为了自己的主要出发点。为此腾讯还专门设立了由专业的技术研发和专利人才组成的专利组，全面负责公司的专利申请、保护工作。

经过多年的努力，腾讯取得了喜人的成绩：2006 年 4 月，腾讯作为深圳市唯一入选企业，荣获“广东省版权兴业示范基地”称号。2006 年 5 月，腾讯公司的专利《一种即时通信系统和方法》获得了首届全国杰出专利工程技术，并列入了 2008 年奥运科技展出……截至目前，腾讯拥有国内发明突破万件。

同时，腾讯还积极参与到了行业的版权保护中。腾讯发起并筹建了深圳首家版权保护组织——深圳市版权协会，陈一丹被推选为会长。该协会不仅利用已经建设完成的互联网站，为公众提供在线的版权保护、版权贸易等服务；还与中国科学院国家授时中心合作，推出了版权时间戳的新技术，为深圳数字化文化版权作品提供版权保护，成了国内同行的样板。而这一点，腾讯走在了阿里巴巴和百度的前面！

快乐工作：与员工共同成长

跟国内大多数正在发展的互联网企业一样，随着业务的发展，腾讯在短短几年内也经历了员工数量几何状的增长。1998 年腾讯在刚刚创立的时候只有 5 个人，随着企业规模迅速扩张，到 2006 年年底员工增加到近 3000 人。

在员工数目迅速增长的情况下，如何进行人才管理？如何平衡批量的人才引进和员工个性化的职业发展需求？如何帮助他们做好个性化职业发展规划？如何让个性突出的青年“工作并快乐”着？腾讯的做法是：培养员工使命感、企业与员工相互适应、建立员工成长体系。为了做到这三点，腾讯的领导层想了很多办法。

1. 让员工充满庄严的使命感

互联网行业变化频繁、竞争激烈，员工面对的压力和挑战非常大。在这种情况下，如何让员工“工作并快乐着”也成了互联网企业管理者正在苦苦探索的问题。腾讯认为，要想让员工快乐工作，首先就要让员工充满责任感和使命感，让每个员工都能拥有共同的事业和使命。

目前，腾讯拥有的活跃用户一共有 2 亿多，如此庞大的用户群体，对腾讯来说，意味着巨大的成就和责任。自己设计的产品和服务、自己开发的软件能让亿万网民认可并使用，是一种巨大的成就。而要想实现这项任务，首先就要调动员工的积极性，让员工产生工作的成就感和激情，并转换成对工作的执着和狂热。

腾讯深知，只有将各种有才能的人聚集在一起，鼓励大家一起朝着共同的理想而奋斗，才能保持员工的凝聚力和活力。为了完成这一任务，腾讯设立了伟大的愿景；腾讯的伟大愿景和崇高使命又使得员工能从工作中获得极大的成就感和动力！

2. 企业要与员工相互适应

要想成为一个好的雇主，首先就要确立员工的主体地位，以人为本，让员工需求有一个相对独立的回应空间；企业要与员工相互适应，不能仅仅要求员工适应企业。在处理和员工的关系时，有些公司是让员工“穿上公司的鞋”，而腾讯则是在不违背企业大原则的基础上替每位员工做了“一双适合自己的鞋”。

（1）重视内部沟通

腾讯知道，年轻人一般都喜欢直接沟通，喜欢直白地表达自己的情绪和看法，因此尤其重视内部沟通。公司设立了将近20种沟通渠道，鼓励员工通过合适的沟通渠道积极主动地开展沟通；同时还强调，管理者是责任主体，在沟通上应当更加主动。因此，从最高层开始，大家都非常重视沟通。

为了让最基层的声音直接反馈到最高层，腾讯还专门设立了两个最高层与基层员工的直接沟通渠道：“总办交流平台”和“总办午餐接待日”。通过沟通，内部人员之间便多了一些理解和信任，腾讯内部也营造出了一种民主和谐的工作气氛。

（2）重视激励的空间艺术

作为高速发展的企业，为了招聘到合适的人才，企业一般都会提供有竞争力的薪酬和完善的福利。可是，腾讯认为，薪酬再高，它的激励作用也都是有限的。工作最大的回报一般都来自工作本身，如果能让员工从事自己喜欢的工作，员工自然会投入更大的热情。

由于金钱激励效果具有一定的局限性，腾讯非常重视激励的空间艺术。对员工进行激励时，会采取让员工看得见、摸得着、真正感觉到那种荣誉的方法。腾讯还让直线经理作为激励员工的第一责任人，鼓励他们在日常管理工作中了解下属，关心、尊重、欣赏下属，对于下属的点滴进步也要给予及时的认可。

（3）给员工别样的关怀

腾讯员工大多数都是年轻人，大多远离亲人在城市独自打拼，为了让他们安心工作，腾讯不仅为员工提供了家一般的关怀，员工生日、结婚、生子，公司都会给予福利慰问；还专门成立了员工救助基金，当员工及其直系亲属遇到自己解决不了的困难时，公司会主动伸出援手。

随着员工年龄的增长，自然会结婚生子，为了满足这方面的需要，腾讯还专门设立了“员工家属关怀计划”，对员工的家属也给予了切切实实的关怀；除此外，腾讯还会定期举办“家属开放日”，邀请员工家属来公司参观。

（4）重视办公环境

腾讯的办公环境带有明显的硅谷印记，不仅为员工提供了非常人性化的工作环境，还允许员工个性化地装扮自己的办公工位，甚至还在办公场所为员工提供了休憩场所，有免费咖啡、茶饮等，使他们在公司工作也仿佛在家一样。因为腾讯知道，年轻人通常都对办公环境比较重视。

3. 建立让员工成长的体系

腾讯是一家年轻的企业，员工的工作经验一般都不丰富，但充满活力、可塑性强，熟悉和认同腾讯的产品，容易快速融入腾讯文化。经过几年在人力资源管理领域的建设和积累，腾讯已经具备了较为完善的员工培养机制。

为了让年轻员工获得提升，腾讯为他们提供了完善的职业发展体系和培训体系，员工在为公司贡献力量的同时，就可以实现自身的不断成长。

（1）完善的员工职业发展规划与人才培养机制

腾讯招聘到合适的人才后，不仅会让贤才“放电”，还会主动为每一位员工精心设计一份职业发展计划，根据员工的实际情况，用长避短，精心培育，帮助每一位员工实现自己的价值。腾讯内部的“全员职业发展通道管理”不仅使企业实现了人力资本的不断增值，更让员工享受到了成长的快乐。

如今，腾讯已经度过了领导拍脑袋做培训的阶段，实现了“新员工入职培训—基层员工的潜能训练—中层管理人员和老员工的技能提高”的系统性培训。

腾讯与 HP（惠普）商学院合作设计了一整套员工职业发展体系，通过建立职业发展规划机制，可以有效保障各级主管关注员工的成长。公司规定，各级主管每半年都必须结合半年度绩效考核，与员工共同明确发展方向，对员工的能力差距进行有效评估，制定适合个体的发展计划。

（2）培训周

人力资源部每月会安排一周为培训周，从周二至周五下午都会提供 1 ~ 2 小时的公开培训课程，内容涵盖公司产品业务介绍、行业趋势、职业心态及素质、个人兴趣和时尚等多方面的内容，员工可以自主报名，享受“自助餐”式的培训服务。

（3）建立二级培训体系

腾讯还在部门建立了二级培训体系，并把一半的培训经费拨到了部门，由所在部门结合部门业务及岗位特点开展具有部门特色的培训。当内部培训暂时无法满足需要时，员工还可以主动选择外部培训，只要是真正有益于工作的外部培训，公司通常都会给予资助。

腾讯学院：腾讯自己的企业大学

腾讯大学成立于2014年，是所有企业大学中最年轻的，细分为四个子学院：微信学院、电商学院、开平学院、互联网学院。

腾讯学院建立的企业内部系统培训，主要为腾讯公司内部培养人才。腾讯学院创办的初衷是为了更好地组织内部员工持续的培训，系统发展与培养企业内人才，形成完善的内部人才培养体系。

培训机构的系统培训课程，主要是根据市场需求推出的，具有统一课程理念、某一层次的系列课程。课程包括系统思考的过程、模式和原则等方面的内容，有助于员工提高分析问题和解决问题的能力。学员在进行系统学习培训之后，技能运用能力会得到进一步的提升。

1. 资源整合：充分融汇内外资源

腾讯学院的师资主要是以“整合企业内部的资源为主、外部培训为辅”。为了深化培训课程与师资的腾讯化企业内部的授课和课程设计，师资主要是腾讯的中高管理层、技术管理员工，管理实践与经验沉淀都是内部分享的主要课程。

腾讯学院，实施了从职业发展到领导力的两大类培训体系。比如，新进员工，主要是以企业内训为主，接受公司的理念、企业文化的学习。此外，为了开阔员工的视野，让他们吸收最新的案例分析和理念，腾讯学院积极寻求外部培训，筛选出适合企业理念和人才发展项目设计的课程和师资。

2. 内外训：制衡在互为补充

企业大学一旦与公司战略之间密切结合，就会以直接服务公司战略为使命。从这个意义上来说，企业大学就是培训中心的“战略升级版”，贯穿于公司的发展理念和发展战略全过程，其核心便是有效地针对企业的组织运营和员工在实际工作中的需要，对员工进行系统培养。

腾讯学院成立之后，配合公司战略，完善了从员工到经理各级人才的培养体系、传承文化，形成了一致理念。学院不断地整合社会各种培训资源，将公司的人才发展项目做得多形式、多视角。

为了避免内部培训与外部培训的理念发生冲突，腾讯学院在挑选外部培训项目的时候，一般都非常谨慎，尽量保证外训和公司的培训理念相一致。而培训机构所提供的培训课程，则要根据市场不断做出调整。

人才激励：员工晋升体系构建

腾讯的晋升体系，整体上也是双通道，如下图所示。

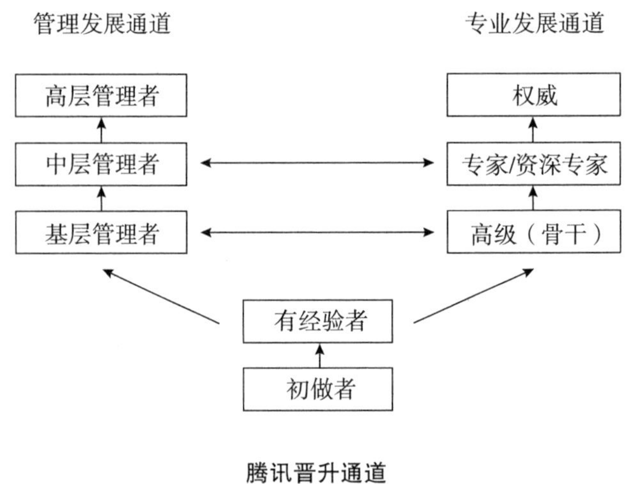

腾讯晋升通道

1. 专业通道

专业通道共分为 6 个级别，每个大级别里面又分为 3 个小级别。以此类推，一般来说，升到大级别的难度比较大，小级别则相对容易。

这六个级别的名称叫作：初做者、有经验者、高级（骨干）、专家、资深专家、权威，如上图所示。可是，在实际执行中，公司的第5级（资深专家）是空缺的，6级（权威）历史上也只出现过一个——首席科学家孙国政（职级为T6）。5级、6级因为长期空缺，所以暂时没有子等级划分。

三个小级别分别叫作：基础、普通、职业。

然而，专业通道分很多种类，因为工程师、设计师、产品、市场、编辑等都不可能按照同样的标准管理和晋升，所以需要对专业通道进行细分。目前，腾讯大约有80个专业通道类别，但概括起来主要是四大类别：

T通道：技术通道，包括研发、视觉设计、交互、运维等子通道。

P通道：产品（项目）通道，包括策划、运营、项目管理等子通道。

M通道：市场通道，包括市场、战略、网站编辑、商务拓展等子通道。

S通道：专业通道（职能通道），这是最复杂的一个通道，包括公司的行政、秘书、采购、法务、财务、会计、人力资源、公关等各个子通道。

由此可见，员工的职级表述是由两部分构成的：通道名称+职级。

内部通道如何晋升？整体上来说，一年有两次评估，如果评估合格就会晋升一个子等级，子级别到3以后再升就是一个大级。

2. 管理通道

管理通道分成三个梯队：基层、中层、高层，公司内简称为基干、中干……高层一般都叫作老板、总办等。

在腾讯，基层管理者包括团队管理者和总监，总监一般是负责多个团队；中层管理者特指GM（各部门总经理）或同级别待遇者，高层管理者则是VP（高层副级人员）及以上。

现在我们重点讲一下基层管理者的晋升：在正式任命前，员工都会经历一个“独立负责业务—负责重要业务—带团队负责重要业务”的过程。也就是说，在实际操作上，当一名员工在被任命为基层管理者之前，就已经开始承担管理工作了。

在正式任命前，他们不仅要接受较为严格的管理培训，还要发起360度考评，包括：未来的合作团队管理者、上级、下属。通过考评和HR（人力资源）考评后会，通常都会有个正式的GM答辩，完成后被正式任命。

被任命为基层管理者后，之后的晋升依然有：副管理者、正管理者、副总监、总监、高级总监等几个等级，这期间的晋升主要依赖于团队的整体考评、个人的考评和组织架构的需要，总监一般都会同时负责多个团队的管理。

中层管理者的职级也会有分级，包括：助理总经理、副总经理、总经理、业务线负责人，再往上还有很多等级。腾讯的管理职级看起来比较长，其实依然保持着扁平化的结构：从高层管理者到一个普通员工的决策执行往往只有3～4层的传递，即VP—GM—总监/管理者—员工。

3. 专业和管理通道的互换

在一些同行业公司内，专业通道和管理通道是可以互换的，这就为一些专业能力很强、但不愿意走管理路线的员工提供了更好的发展空间。同样，在腾讯也有两个通道，而且两个通道不是非此即彼的关系，即：基层管理者，本身都保留着高级专业通道，要不断提升专业度，积累项目经验，提升自己的专业等级；中层管理者，一般会保持自己4级专家职级或3.3的专业职级，只不过到中层管理者以后，专业通道的作用会逐步淡化。

4. 培训和成长体系

在晋升过程中，培训体系是不可或缺的，不论是专业职级还是管理职级，都会有一些必修和选修课程，同时，高级以上专业通道的晋升基本都有授课的硬性要求。

在管理职级晋升上，员工升基干，必须通过潜龙培训；基干升中干，必须通过飞龙培训，这也是一些硬性指标和必需条件。

末位淘汰：5%末位淘汰制度

如今，实行末位淘汰制的公司不在少数，腾讯也在其中！

腾讯有 A、B、C、D、E、F 几个等级，当员工连续三个月在部门里面绩效排名最后一名时，部门主管就会找他谈话，并且给予一个月的缓冲期。如果员工在这一个月内绩效排名还是倒数第一，并且没有其他部门可以调岗，就会被劝退。如果同时有好几名员工平行垫底，公司就会先开掉工作态度有问题的，其次开除屡教不改的。

伴随着大规模的架构调整，5% 末位淘汰制度从 2005 年开始执行。腾讯认为，创业初期的公司可能更多的会采用人性化管理的方法，多一点温情，但随着公司人员的增长，就要用制度化、科学化的绩效激励方式来管理。没有淘汰肯定是不行的，不炒掉工作差的人，肯定会伤害优秀的人！

鼓励创新：腾讯持续创新的秘密

创新在腾讯是一件“痛并快乐着”的事情。腾讯营造了非常开放的创新文化，每个部门都有思考产品的权力。

腾讯的创意在于，不管是每个部门，还是每个人，无论做什么，只要创意有价值，就可以变成现实。这是一个完全开放的创新机制，不会体现在规定和绩效考核当中，而是一种在潜移默化中影响所有人的文化。

在腾讯总部大楼二层的展示大厅里，最为显眼的是巨型 LED（半导体二极管的一种）屏幕上模拟群星闪烁的“腾讯星云”，显示着 QQ（即时聊天工具）在全国的同时在线情况。从亮点密布的东南沿海城市到星星点点的西藏、新疆等地，每秒钟数以万计的上线、下线，看到这幅图的人都会感到极大的震撼。

可是，要知道，这个创意并不是来自 QQ 团队，而是来自用户研究与体验设计部，他们结合技术部门和大数据的支撑，最终形成了这个产品。

做好产品是一种信仰，在腾讯内部有这样一种文化：既然带着这么多人做产品，总要有点新东西出来，如果别人问起你最近在做什么，说不出来新鲜的东西会感到不好意思，这就是文化的力量！

当然，在涉及 KPI（关键绩效指标）的部分，原则还是很明确：如果业绩提升，那么部门的预算就增加。而当涉及创新的空间和资源，软性的信誉度就很重要。

以微信团队为例，他们最初是做 QQ 邮箱的，QQ 邮箱的隔空传图功能曾经得到一个创新奖，虽然现在看来已经是老掉牙的功能，可是正因为有过这个成绩，再加上漂流瓶，团队就建立了自己的信用，所以他们就有机会做新项目。说到底，事情做得越多就越突出，公司就会给予越多的资源。

在员工的激励体系中，创新也占有一席之地。为了鼓励日常的小创新点，腾讯设立了微创新奖；为了表彰有颠覆性的产品，公司设立了年度创新大奖，微信是第一款获得这一奖项的产品。

强化执行：消灭官僚文化

在谈腾讯之前，我们先来看看，在一个团队里，执行力低下的主要原因有哪些：

首先，管理者执行力低下，决策效率低，无法给团队传达明确清晰的目标；

其次，员工对目标以及所要执行的任务的重要性认识不够，或者是缺乏相应的激励或考核，或者是本身对于工作的热爱度不够高，做事欲望、激情、动力不够；

再次，员工不知道该如何执行，需要执行的事情有难度，不知道该如何下手；

最后，越大的团队，越大的公司，沟通成本越高，导致决策低下。

然后，我们再来看看腾讯：

腾讯的创始人和高管都是极度热爱互联网产品、技术的人，他们几乎是腾讯里最勤奋的人。他们的决策效率高，身体力行地关注用户反馈和产品改进；他们对于想要做的事情决心强……这些都可以在腾讯人的描述中看到，创始人和高管们的表率作用，深深打动和影响着腾讯员工。腾讯的创始人和高管为腾讯注入的基因，不只是对于用户体验的极度关注，还有坚定的信念和原则。

腾讯在文化和制度上，切实地强化着大家对产品和用户体验的关注度。腾讯的企业文化，吸引到的人才大部分是热爱互联网产品和技术的。再加上腾讯有很完善的导师制度、产品人员和技术人员的晋升考核路径，员工工作的欲望和动力自然足。尤其是当自己崇拜的创始人、高管如此深度地关注产品时，员工怎么可能缺乏动力?

腾讯的内部分享、知识管理做得非常好，减少了“员工不知道怎么解决问题”的情况。

腾讯每周都有很多产品、技术分享会，马化腾等高管也时常参与分享，有时甚至还会录制成视频，供大家长期学习。那些分享含金量都很高，对于刚来的实习生来说，几次分享，都会取得极大的进步。

网上公开介绍的“腾讯内部的 e－learning（数字学习）系统”课程主要有：公司高层的重要讲话和一些政策；职业素质、职业技能方面的一些课程，比如人力管理、时间管理、商务礼仪等；外购的课程，比如“哈佛商业导师”；“腾讯大讲堂”，大讲堂每两周做一次，一次两三个小时，腾讯会请不同的技术专家来讲腾讯的产品、技术、研发，包括公司一些成功的产品研发的过程。

腾讯也有沟通的成本，但比其他互联网公司更高效一些。

第二章　阿里巴巴——适合自己的才是最棒的

不控股：不用控股的方式控制

在过去，马云一直称自己是丐帮帮主。那时，阿里巴巴还没有上市，当百度等互联网上市公司员工以百万论身家时，阿里巴巴的员工只有羡慕的份儿。那时，阿里巴巴的客户也都是中小企业，在百度上买搜索服务都觉得贵，更别说传统的打广告了。

马云说："阿里巴巴是穷人为穷人服务。从第一天开始，我就没想过用控股的方式控制，也不想以自己一个人去控制别人，这个公司需要把股权分散，这样，其他股东和员工才更有信心和干劲。"

今天，阿里巴巴集团旗下的 B2B（企业对企业）业务子公司已经在港交所挂牌。上市后，一切都将完全改变。以发行价 12 港元计，阿里巴巴 4900 名员工持有阿里巴巴 4.435 亿股，市值共计 53.22 亿港元，将近 1000 名员工成了拥有超过 100 万港元身家的富翁。一个中国规模最大的富人帮由此诞生！

1. 千人富人帮

据阿里巴巴提供的初步招股说明书显示：阿里巴巴总股本为 50.5 亿股，公开发售 8.589 亿股。以发行价上限每股 12 港元计算，阿里巴巴 B2B

的市值约为606亿港元。在中国互联网公司，这样的市值仅次于腾讯（HK：0700）目前的约980亿港元市值，以及百度的（NASDAQ：BIDU）约104亿美元，与同在香港上市的联想集团（HK：0992）637亿港元的市值相当。

旗下B2B业务子公司上市后，阿里巴巴的4900名员工将一共持有4.04068311亿股股份、3919.1742万股认股权和25.0767万股受限制股权，合计4.435亿股。按平均持股计，4900人人均身家都超过100万港元，而按绝对值计实际将拥有超过100万港元身家的员工，有将近1000人。

在上市公司中，马云持有1.89亿股股份，拥有股票价值22.68亿港元。据说，他在B2B上市公司中只是象征性持股。

除马云外，上市后在阿里巴巴财富榜上名列前四的还有与马云一同创办阿里巴巴的蔡崇信、阿里巴巴B2B CEO卫哲、CFO（首席财务官）武卫。

将近1000名百万富翁，阿里巴巴上市创造了中国互联网有史以来最大的富人帮！

2. 马云的“分富论”

阿里巴巴之所以能如此大批量地产出富豪，与马云的分享理念有关。从第一天开始，马云就没想过用控股的方式控制，也不想以自己一个人去控制别人，公司需要把股权分散。

马云认为，管理和控制一家公司是要靠智慧而不是股权。中国太多企业因为强调控股权与控制权，而最终陷入利益争斗，影响了公司发展。

在创业过程中，马云也曾有过这方面的教训。创立阿里巴巴之前，马云曾创立过一家叫“中国黄页”的公司。该公司中，杭州电信控股70%，以马云为首的创业者持股30%。在中国黄页的董事会中，以马云为首的管理层占了3个席位，杭州电信占了7个。

在日常经营中，马云提出的许多意见，杭州电信一方的董事都会一致反对，但又提不出可执行的意见，结果马云什么也干不了。就这样，“中国黄页”被其他竞争对手超越。

创立阿里巴巴之后，为了避免上述情形发生，马云在第一次全体员工大会上就强调了“自己不控股，不控制企业”的理念。阿里巴巴最初是由18人共同投资50万元成立，马云在其中不处于绝对控股地位。今天，“十八罗汉”依然在为阿里巴巴效力，他们与马云一起分享着上市后的这场财富盛宴。

阿里巴巴创立后不到半年，软银、高盛等5家投行共同携2500万美元入股，其中软银投资2000万美元，持有阿里巴巴30%的股份，马云及创业者股份又进一步稀释，但仍处于控股地位。在互联网寒冬，大多数企业倒下去了，马云因为有了通过股权让渡得到的这一笔钱，安然越冬。

随后，阿里巴巴收购雅虎中国，雅虎陪嫁10亿美元巨资，持有阿里巴巴40%权益，成为阿里巴巴第一大股东。通过股权让渡，马云不仅获得了雅虎的资金，更重要的是获得了在互联网竞争中至关重要的技术。按协议规定，雅虎所有的新技术都能为阿里巴巴所用。

马云的分享理念，最终造就了阿里巴巴内部现行的财富分配格局。

3. 造富“网商”

除了兑现创业之初“发展成果由员工共享”的承诺，马云更想通过上市，让阿里巴巴的客户，即网商富起来。马云坚信，中国可以发展电子商务，也相信电子商务要发展，必须先让网商富起来，如果网商不富起来，阿里巴巴就只是一个虚幻的东西。

招股说明书显示，阿里巴巴计划拿出筹集资金的60%用于收购和发展B2B业务，为那些从事“中国制造”、利润微薄、没有实力进行传统的海外营销的中小企业提供更低成本和更高效率的对外贸易平台。

按照马云的想法，阿里巴巴便逐步由为中小企业提供在线交易平台的初级服务转变成了中小企业的生态链提供服务的更高级 B2B 业务，不仅提供在信息流、物流和资金流上的服务，还在中小企业最急缺的线下展会、贷款融资、信息化管理等方面提供更加全面的增值服务。

我们相信，未来数年内，阿里巴巴必然会投入更多的资金来改造电子商务产业生态链，推动人们通过互联网创业，推动中小企业将自己的企业搬到互联网上。让更多的中小企业有更多机会在阿里巴巴的平台上做成生意，从而致富。

抢在对手前面：不要等到机会成熟了才去做

自始至终，马云都坚持一点：机会稍纵即逝，不要等到机会成熟了才去做，要抢在对手的前面！马云曾做过一个《千万不要等到条件成熟才去创业》的演讲，很好地阐述了这一原则！内容如下：

> 有这样一段小故事：
>
> 一天，一个渔民摇着船出去捕鱼。他一边摇船一边仔细地观察水面上的气泡，父亲曾经告诉过他，如果水面上的气泡很多，就说明水里有鱼群。突然，他发现了一片鲤鱼群气泡。于是，就拿起渔网准备撒下去。可是刚要撒网，他心里却又开始打鼓了。他觉得在尚未弄清楚水里到底有没有鱼群前，是不该胡乱撒网的。
>
> 为了真正地弄清楚水里到底有没有鲤鱼群，他决定跳下水去看个究竟。当他潜到水底时，他发现那里确实有一个很大的鱼群，立即爬上船来把网撒了下去。可奇怪的是，当他把网收上来时，却又发现渔网里空

空如也，连一条小鱼儿都没有。他百思不得其解，认真地撒下去的一网，怎么就没能捕到一条鱼呢？

其实，就在他跳下水再爬上船的时候，那群鱼就已经受惊逃掉了。这个可笑的渔民，居然不知道只要撒下网去就能马上弄明白水里到底有没有鱼群，非得跳下去看个究竟不可。他的悲哀就在于，不知道在模糊状态下，要大胆地凭着感觉进行尝试，而尝试的结果又恰恰是验证当初的感觉是否正确的最好依据。

历史上有很多伟人，就是在条件尚不太成熟、前景尚不太明朗的情况下，毅然地大干一番的！要是等到条件完全成熟、前景非常明朗、谁都能看得明白时再去行动，机会就没有了。

为了养大一个孩子，父母不知要喂他吃多少饭、扶他走多少路；同样道理，企业要发展壮大，人们不知要做多少事！而这中间的某些事，则是绝对不能等到企业发展壮大后再去做的；一定要先去做了，然后企业才会因此而有所发展。

任何一个知名品牌，都是由很多个第一慢慢地累积而成的。企业只有在创造了很多个“第一”之后，才能慢慢地发展成为知名大企业。比如，要么是第一个投入的，要么是第一个撤退的；要么是质量第一好的，要么是价格第一好的；要么是货品第一多的，要么是网点第一多的；要么是生产第一名的，要么是销售第一名的；甚至只要做到小区域内单一品种第一名的话，就能成为富甲一方的大老板了……

一代伟人邓小平曾经就说过，要大胆地摸着石子过河。摸着石子过河，需要智慧，更需要勇气！在情况不太清楚、局势不太明朗、条件不太成熟的情况下，要大胆地进行尝试！

在条件不成熟的情况下，要学会模糊决策，并大胆地进行尝试，不能等到一切都弄明白后再说，更不能等到条件完善成熟后再去做！

跟着使命感走：使命感使卓越者继续前行

使命是团队的灵魂！没有使命，团队就没有未来；没有使命，团队就不会有持久的、旺盛的生命力。

优秀的企业，都是通过确立共同使命，让员工认同并接受自己的企业文化，然后将各种力量综合到一起，促进企业不断发展壮大的。团队要想聚集起更多的成员，要想更长久地生存，都需要设立目标。一个企业，绝不能仅仅以赚钱为唯一目标。

哈佛商学院的克里斯托弗·巴特利特在与同事研究实施转型的公司时发现，一些公司遇到的最大障碍是没有充分利用逐渐被剥夺权利的员工。巴特利特说："人们工作不是为了争夺第一或第二，或者从资产中得到20%的净回报，他们希望有使命感。他们工作，是为了让自己的生活有意义。"

阿里巴巴的使命是"让天下没有难做的生意"！换句话说，在天下生意"难做"的时候，就是体现阿里巴巴价值的时候。

价值观：阿里巴巴最值钱的东西

梁山好汉是一种典型的创业路径，先是占一块地盘，拥有强大团队，丝毫不惧"大公司"的进攻。可是，梁山好汉在战略的"下一步"上迷失了方向。

从本质上讲，这依然是价值观的缺乏，梁山好汉的"大碗喝酒，大块吃肉"的"义"字当头的价值观，并不适合慢慢壮大的团队，价值观驾驭不了团队，覆灭也就在所难免。工作中，马云经常会用类似的故事激励自己的团队——必须拥有强大的价值观，才能持续赢下去。

马云认为，自己公司最值钱的就是价值观！这种理念，使得马云在创立阿里巴巴的第二年就制定了共同的使命、共同的目标、共同的价值观，新员工只有经过学习才能加入阿里巴巴。任何一家企业、任何一个组织一定要有使命、目标和价值观，如果没有这三样东西，是无法走长、走远的。

2002 年，在宁波会员见面大会上，马云说："阿里巴巴最值钱的东西就是价值观，公司要有一个统一的价值观。我们的员工来自 11 个国家和地区，有着不同的文化背景，是价值观让我们可以团结在一起，奋斗到明天。我们的总裁，今年53 岁，是老传统企业的经理人，非常出色，他在通用电气公司（GE）工作了 16 年。

"我们总结了九条精神，是它让我们一起奋斗了 4 年，我们告诉所有的员工，要坚持这九条。第一条就是团队精神，第二条是教学相长，然后是质量、简易、激情、开放、创新、专注、服务与尊重，这 9 条价值观是阿里巴巴最值钱的东西。"

哈佛大学商学院教授克莱顿·克里斯滕森说："影响一家公司能做什么、不能做什么的一个重要因素，是它的价值观。我们将组织的价值观定义为员工用于确定优先事项的标准他们根据这些标准来判断一份订单是否有吸引力，一位客户的重要性如何，以及一个新产品的创意是令人瞩目还是马马虎虎。"

很少有中国企业像阿里巴巴这么重视价值观修炼，这是一种大公司精神，是一种基业常青精神。之后，马云在基本的价值观上不断进行完善，把这"九条精神"更新为"六大价值观"。

对阿里巴巴的价值观，网络上有一段广为流传的点评："阿里巴巴的价值观叫'六脉神剑'，三剑说做人：诚信、激情和敬业，二剑说做事：团队合作、拥抱变化，一剑刺中要害：说的是'客户第一'。"

基于阿里巴巴价值观体系的强大企业文化成为了阿里巴巴集团及其子公司的基石，这些价值观支配了阿里巴巴员工的一切行为，它们包括了六个方面：客户第一、团队合作、拥抱变化、诚信、激情和敬业。

客户第一——关注客户的关注点，为客户提供建议和资讯，帮助客户成长。

团队合作——共享共担，以小我完成大我。

拥抱变化——突破自我，迎接变化。

诚信——诚实正直，信守承诺。

激情——永不言弃，乐观向上。

敬业——以专业的态度和平常的心态做非凡的事情。

从阿里巴巴网站的Logo（标志）可以了解阿里巴巴的价值观：整个Logo表现为字母“a”，含义是：阿里巴巴发展到今仍然还很小，很多事情需要踏踏实实地从小做起，相信一定会有一天成为行业的大“A”。微笑的“a”是阿里巴巴希望所有的会员、所有的合作伙伴、所有的员工每天结束一天繁忙的工作回家时，都能带着这样灿烂的笑容。

阿里巴巴要让三种人微笑和满意：第一是客户，能通过电子商务赚到钱；第二是阿里巴巴的员工，能够帮助客户成功，员工也会满意自己的成就；第三是公司的股东，企业业绩好，投资者有高额的回报，股东也会满意。

先让客户赚钱：为客户创造价值

老子在《道德经》中说：“将欲去之，必固举之；将欲夺之，必固予之。将欲灭之，必先学之。”后人将这段话的核心概括为：欲想取之，必先予之。想要得到一些东西，必须先暂时给予一些东西。就像钓鱼，想要钓到鱼，必须先在鱼钩上放鱼饵。

做生意也是一样！只有先让合作伙伴尝到甜头，先让对方赚钱，自己才会赚到钱。马云就是利用了这个法则，成功地将阿里巴巴推向了互联网前沿。

众所周知，在阿里巴巴成立之初，马云承诺免费注册会员。马云说："中国的C2C（顾客对顾客）市场还处于市场培育阶段，免费模式更利于跑马圈地。"

在帮助别人挣钱的同时，马云还坚持让别人更方便地赚钱。"我们不但不收钱，而且菜比他们的好。如果你的菜不好，免费也没有人吃——吃了拉肚子怎么办？免费只是一个手段，你必须创造出比收费更好的服务、更高的价值，你才有机会赢。"

亚当·斯密曾说过："经济活动的起源来自于交易，而所有交易成本的高低都与信息的获取成本以及交易达成的运输成本有关。"互联网的出现引爆了"第三次浪潮"，信息的流通让商界重新洗牌，一切旧有的游戏规则支离破碎，阿里巴巴将"中国制造"的成本优势展现无遗，而市场也回馈给阿里巴巴丰厚的回报。

明星团队：搭对伙伴找对人

1999年2月20日，在湖畔花园的小区，16栋三层，18个人聚在一起开了一个动员会。旁边摆着一个破沙发，大部分人席地而坐，马云站在中间讲了整整两个小时。

公司的启动资金是50万元，是18个人一起出钱凑的。马云并不是没有这笔钱，可是他希望公司是大家的，所以每个人都出了钱，各自占了一部分不同比例的股份，写在一张纸上，很简短的英文。签上名字之后，马云让大家回去把这张纸藏好，从此不要再看一眼。

在很长的时间里，这些人每个月只拿 500 元的工资，在湖畔花园附近举步可达的地方租房子住，有的两三人一起合租，有人索性住进了农民房，吃饭基本就是 3 元的盒饭……

就是这些人，创造了阿里巴巴，十五年后，公司在美国上市，上市当天马云就成了身价超过 200 亿美元的中国首富。

马云通过自己的例子告诉我们，企业如果想获得长远的发展，团队非常重要，一定要找好伙伴找好人！那么，当年“18 罗汉”都有谁呢？

1. 马　云

现任阿里巴巴集团董事局主席、雅虎中国董事局主席等职务。

2. 孙彤宇

1996 年春加盟中国黄页，经过努力工作，在 2003 年 4 月率领淘宝创业团队进行新的创业。2008 年 3 月 1 日，正式辞职、卸任淘宝网总裁一职，前往海内外著名商学院休整、学习。2008 年 5 月投资博卡思的教育软件，2009 年年初一个叫作盒子世界的儿童虚拟在线社区开始在线运营。

3. 金建杭

金建杭是阿里巴巴网站的创业员工之一，现负责阿里巴巴集团公关、政府事务、市场活动，任集团资深副总裁。

4. 蔡崇信

蔡崇信出生于中国台湾，在美国接受教育，持有耶鲁大学经济学士及耶鲁法学院法学博士学位，拥有很强的法律和财务背景，1999 年加入公司，主持成立了阿里巴巴设在香港的总部，负责国际市场推广、业务拓展及公司财务运作。2005 年，蔡崇信负责协商收购雅虎中国及雅虎对阿里巴巴集团的投资。蔡崇信在阿里巴巴刚成立时加入，就任 CFO。曾任阿里巴巴的非执行董事、阿里巴巴集团的董事及首席财务官。当前出任集团董事局执行副主席，负责集团战略投资。

5. 彭　蕾

杭州商学院企业管理系 1994 年本科毕业，是阿里巴巴创始人之一，历任阿里巴巴人力资源部副总裁、市场部副总裁和服务部副总裁。现任阿里巴巴小微金融集团首席执行官。

6. 张　瑛

1988 年在杭州师范学院（现杭州师范大学）英语专业毕业，随即与马云结婚。1999 年随马云等创建阿里巴巴。现在家做全职太太，相夫教子。

7. 吴泳铭

1996 年毕业于浙江工业大学计算机系，后加入了中国黄页。

1997 年，吴泳铭跟随马云进京，做外经贸部的网站，负责网站技术开发。

1999 年，跟随马云回杭州创办阿里巴巴，第一代程序员。

2003 年，淘宝启动，吴泳铭是马云点的 7 员大将之一。

2004 年，支付宝成立，他又成为支付宝的技术总监。后来历任中国雅虎的 P4P（P2P 技术的升级版，意在加强服务供应商与客户端程序的通信，降低骨干网络传输压力和运营成本，并提高改良的 P2P 文件传输的性能）产品及技术总监。

2007 年 5 月，组建阿里巴巴妈妈创业团队。

2008 年 9 月 4 日，淘宝与阿里巴巴妈妈合并。8 日，吴泳铭被任命为新公司副总裁！

2011 年 6 月 16 日，淘宝分拆为 3 家公司，分别是一淘网、淘宝网和淘宝商城（现天猫商城），吴泳铭任一淘网总裁。

现任阿里巴巴网络技术有限公司总经理。

8. 盛一飞

1995 年大学毕业后，他花了 1600 多元自费学电脑。1996 年，盛一飞成为中国黄页的第一个设计师。在中国黄页工作一年后，盛一飞和马云到了北京，开发了外经贸部的官方网站后又回到杭州，一起投身到阿里巴巴的创业中。2005 年，接触到“用户体验”和“以用户为中心的设计”等外来词汇，尝试将 UED（用户体验设计）的概念带入公司。现任职支付宝产品部总监。

9. 楼文胜

曾任职 B2B 中国市场运营部核心产品部产品规划师。江苏的办事处才开不久，他便从杭州调动过来，负责江苏阿里巴巴销售团队的管理，办公地点就在观前街旁的金鼎中心。

10. 麻长炜

阿里巴巴网站 18 位创始人之一，也是亚洲最大网络零售商圈淘宝网的创始人之一，2005 年 8 月参与了阿里巴巴并购雅虎中国后的一系列前期整合工作。其领导的团队致力于人机交互、图形化设计、界面设计、用户体验研究等技术领域。当前职务：淘宝网产品技术中心用户体验设计总监。

11. 韩　敏

现任支付宝市场运营部总监。

12. 谢世煌

阿里巴巴资深总监及公司产品开发部负责人。自2007年1月起一直出任阿里巴巴公司产品开发部国际市场分部主管。自1999年起曾任B2B交易平台运营的多个管理层职位，包括2000—2002年出任业务发展总监，2002—2004年出任国际市场分部运营及发展总监，2004—2006年出任同一部门资深总监。

13. 戴　珊

于1999—2001年任阿里巴巴客户服务、销售及用户界面部门多个管理层职位。2002—2005年，担任公司中国市场部诚信通高级销售总监。2005年晋升为广东分公司总经理，负责广东省的直销及电话销售、市场推广和人力资源。2013年4月10日接任阿里巴巴集团首席人才官。

14. 金媛影

淘宝网创始人之一，马云的学生。曾为阿里巴巴集团阿里巴巴学院高级专家、资深经理。当时金媛影在北京五道口听研究生课，经常到潘家园去看同学和老师，马云问她有什么感觉？她说：不像个公司，像一个家庭。金媛影的父亲是民营企业家，听说女儿要到阿里巴巴，担心受骗亲自跑来查看，知道马云是女儿的老师后就放心了。

15. 蒋　芳

曾任阿里巴巴总经理助理，现在在阿里巴巴风险部负责反欺诈。

16. 周悦虹

马云的学生，java（编程语言）架构师，技术精湛，是一个典型的 Geek（极客），现已辞职。

17. 师昱峰

阿里巴巴资深总监。酷爱研究网络技术，而且境界颇高。在北京孔乙己餐厅，他第一次见到吴泳铭的“带头大哥”马云。当时马云正准备杀回杭州第三次创业。马云的激情，深深震撼了师昱峰。

18. 饶彤彤

阿里巴巴国际事业部，在美国，负责 IDC（互联网内容提供商）运维协调等事务。

要最适合的人：别把飞机引擎装在拖拉机上

1999 年 9 月，阿里巴巴网站建立起来，马云立志要使之成为中小企业敲开财富之门的引路人。10 月，阿里巴巴获得以高盛牵头提供的 500 万美元风险资金后，马云立即从香港和美国引进了大量的外部人才。

马云对外宣称“创业人员只能够担任连长及以下的职位，团长级以上全部由 MBA（工商管理硕士）担任”。当时，在阿里巴巴 12 个人的高管团队成员中，除了马云自己，全部来自海外。接下来几年，阿里巴巴聘用了更多的 MBA，包括哈佛、斯坦福等学校的 MBA，还有国内大学毕业的 MBA。可是后来这些 MBA 中的 95% 都被马云开除了。

马云后来回忆道：

我跟北大的张维迎教授辩论，首先我承认我的水平比较差，95% 的 MBA 都被我开除掉了，难道他们就没有错吗？怎么可能 95% 都被我开除掉？肯定有错。因为这些 MBA 一进来就跟我讲：年薪至少十万元！一讲都是战略。每次听那些专家和 MBA 讲都是热血沸腾，做的时候你却不知道从哪儿做起。

商业教育培养 MBA，首先要教的是做人。马云对这些 MBA 的评价是："基本的礼节、专业精神、敬业精神都很糟糕。"这些人一进阿里巴巴就好像是来管人的，一进来就要把前面的企业家的东西都给推翻。

马云从不否定那些职业经理人的管理水平，他们的水平如同飞机引擎一样，但问题在于，如此高性能的引擎适合拖拉机吗？马云总结出一个关于人才使用的理论：只有适合企业需要的人才是真正的人才。他把当初开除 MBA 的事情做了一个比喻：就好比把飞机的引擎装在了拖拉机上，最终还是飞不起来，我们在初期确实犯了这样的错。那些职业经理人管理水平确实很高，可是不合适，公司当时的发展水平还容不下这样的人。

长期以来，在不少人眼里，只有高学历、高职称的人才能算是人才，否则即使有通天的本领，没有一纸文凭或职称，也不能称其为人才。可是，西方却有这样一句名言："垃圾是放错位置的财富。"是不是人才，关键是看把他放在什么位置上，只要他在这个位置上能够做好，做出成绩来，他就是人才；如果不行，即使顶着再多的桂冠，也不是人才。所以，从某种意义上说，"适用"即人才！

在人才选拔上，阿里巴巴采取的是外部招聘与内部培养相结合的方式，其中内部培养是重点。在电子商务行业里，阿里巴巴已经走在了最前列，单纯依赖从其他公司大批量吸收成熟的人才，很难满足每年成倍增长的业务对人才的大量、高质的需求。

阿里巴巴独特的文化氛围和价值观，外来人员也很难在短时间内充分理解。如果不能在价值观上达成一致，那么在长远业务上就很难形成统一的共识。因此，阿里巴巴主要是以内部培养为主，包括“培养人”和“选拔人”两个方面。

在培训方面，阿里巴巴根据员工的层级、职能，将学习细分为：阿里巴巴党校、阿里巴巴夜校、阿里巴巴课堂、阿里巴巴夜谈和组织部。

另外，针对庞大的销售队伍，阿里巴巴还组建了专门的销售培训部门；而“送课下乡”项目则确保了培训学习资源能到达一线员工住的地方。针对关键岗位的人才，阿里巴巴还设有“接班人计划”，针对不同岗位，制定胜任力模型，培养后备力量。

在阿里巴巴，由于业务发展迅猛，用人急迫，一些年轻的管理人员充满激情可是管理经验欠缺，不能有效辅导下属和带领团队创造整体绩效，下属无法得到充分的发展。为了满足管理人员了解下属感受、不断改进管理方式、调整管理理念的需求，阿里巴巴便采用员工座谈、“小字报”、管理论坛、调查访问等多种形式。

马云坚信，只有让个体不断增值的企业，才是员工向往的发挥个人价值的好平台！

企业家精神：把社会责任融入商业模式

2008 年，中国悲喜交加，同时也是中国民众和企业在慈善公益方面走向成熟的一年。汶川地震后，马云立即着手调动阿里巴巴整个集团资源进行赈灾工作，在第一时间组建了四川灾后重建小组，马云亲自担任组长。

抗震救灾前期，阿里巴巴首期捐款500万元，并明确要求该基金只能用于采购灾区帐篷、药品等急需物品。随后，阿里巴巴设立2500万元专项基金重建灾区，包括组织员工志愿者赴灾区、启动水电站修复、残疾人康复与就业、教师支持四个重建项目。

此外，阿里巴巴还利用自身的电子商务平台，发动会员企业和网友支援灾区建设，帮助当地企业恢复销售，解决灾区残疾人就业难题。

2008年年底，在中国残疾人联合会、中国红十字总会、中华慈善总会等单位联合主办的首届中国慈善公益论坛上，阿里巴巴成为唯一一家入选中国慈善公益50强的互联网企业。

马云认为，常规的慈善只是企业捐款完事，但作为拥有良好社会责任感的企业，阿里巴巴会将四川灾区的公益事业当作企业“自家事”一样来运作。

2008年10月，阿里巴巴再次向中国残疾人福利基金会捐款500万元人民币，用于“5·12”汶川地震因灾致残的残疾人康复培训。马云认为：“慈善不应该在镁光灯下，慈善不是谁比谁更有钱、谁比谁捐得更多，而是谁比谁更关注那些弱势群体。”

马云还号召更多的企业家用自己力所能及的方式帮助、关爱残疾人和弱势群体。阿里巴巴集团一直致力于帮助残疾人和弱势群体。电子商务提供的就业岗位具有特殊地位，能帮助残疾人等弱势人群获取生存权与自尊。

对灾区重建工作的不离不弃，体现阿里巴巴的社会责任，诚如其《社会责任报告》表示的那样：企业的社会责任应内生于商业模式，并与企业发展战略融为一体。只有使社会责任成为企业内在的核心基因，才能具备恒久性和可持续性。

第三章　百度——带出一支能打胜仗的队伍很重要

HR① 管理模式

1. 实习生制

从 IT（信息技术）行业自身发展的特点来看，知识的更新换代速度较快，IT 行业的从业人员的年龄都比较年轻，这就决定了 IT 行业必然会带给年轻人更多的机会。在员工入职的第一天，企业就将员工的发展空间告诉他。因为即使再平凡的员工，都希望在为公司工作的时候能够获得成长。

在百度有实习生制度，每年百度都要花费一定的时间到全国各地的高校挖掘一些有潜力的学生，让他们到百度来实习。这样，这些学生不仅会最早接触一些工业界面临的问题，还会帮助百度一起解决这些问题。多年下来，很多当年的实习生现在已经成了百度的总监，或是技术上的领军者，不仅是在中国，甚至是全球的搜索引擎技术、信息检索技术、云计算技术领域都是排到前几位的。

如果有优秀的学生愿意在大三的时候就来学习，百度非常欢迎，当然这

① HR 指人力资源。

些学生也要经历像校园招聘一样的笔试、面试。当实习生来到公司后，百度会将他们放在一些关键的岗位，帮助他们迅速得到锻炼。如今，百度贴吧等很多知名项目都是由实习生带领团队研发出来的。这些实习生毕业后留下来的机会很高，有些部门甚至还直接从实习生中招收员工。

整个百度的平均年龄只有26岁，现在百度总共有5000名工程师。他们能接触到最尖端的技术，能够学习到最新的互联网知识，能够用自己的技术顷刻间为数亿人带来好处，这样的机会在其他地方可能没有，可是在百度有很多！

2. 薪酬体系

薪酬分配的目的绝不是简单的“分蛋糕”，而是通过“分蛋糕”让企业今后的蛋糕做得更大。百度采用的是目标管理机制，绩效考核完全以业绩为导向，与之配套的薪资体系透明公平，所有员工的薪酬发放都以其工作表现为主要依据。

每年年末，百度还会根据员工的业绩考核结果来对薪酬进行适度调整。百度会尽可能让这一过程做得公平、透明，每位员工都会知道自己薪酬调整的原因。调整之前，管理者会找当事人进行详谈，告知其绩效考核的最终结果，并就考核结果与员工进行沟通，分享总结经验，针对绩效考核和薪酬调整，与员工进行一对一的确认。

一般来说，绩效考核具有两个功能：一是评价客观绩效，二是促进绩效改革。可是，到目前为止，企业对员工的考核还没有成熟的、共同认可的方法，IT企业的工作成果又不容易衡量，如果考核者行为不规范，很多时候，考核结果都容易不被员工接受。

百度在执行薪酬制度时，不仅会参考公司内部的情况，还会将薪酬放在一个系统中考虑。主要有以下两方面。

（1）保持自己的薪酬在市场上的竞争力

每年，百度都会密切关注同行业市场薪酬水平的变动，不仅会让专业公司提供薪酬调查数发布通告，还会利用同行业之间的薪酬收集，掌握公司内核心员工的薪酬价位。公司采取的是全员股票期权计划方案，因此在设计基本薪酬、尤其是确定其薪酬水平时，其定位通常都放在略低于同行业公司的价位上。

（2）让前台员工都持有公司股票

百度刚刚成立的时候，李彦宏就引入了硅谷盛行的期权激励计划。为了给当时的员工鼓足勇气，李彦宏甚至命令“要让前台员工都持有公司股票”。实施期权计划，通过期权，百度的管理层和核心员工就能在未来获得自己的股权。

公司上市后，百度对老员工仍然维持了低于市场薪酬水平的薪酬策略；而新进员工通常都不能执行全面的赠予期权，为了保持百度公司在劳动力市场的薪酬竞争力，对他们采取的是高薪酬水平的薪酬策略；同时，公司还承诺，新进的员工，若入职后达到 T3 级别以上，公司有可能赠给他期权。

在薪酬与激励计划方面，百度实行一年两次职称评定，职称变动后，下月的工资就会有所体现；月薪与职称挂钩，年终奖相当于两个月工资；员工可以带薪休年假，最高 10 ~ 18 天，还可以拥有公司的股票期权等。

还有一点，实习生领到的工资和正常的岗位工资相同。这些做法都大大提升了实习生的工作热情。

3. 吸引顶尖人才

IT 行业是个知识密集型和人才密集型的行业，只有拥有高科技的人才，才会控制市场占有率！技术人才的奇缺，给李彦宏的国际化之路提出了很大的难题。

> 2008 年，李彦宏接受了《经济观察报》采访，他说：百度进军日本时，我曾经问过索尼前总裁，目前百度的独立董事出井伸之先生有何建议。他告诉我，最重要的就是找到合适的人，找到合适的团队。而百度目前最大的难题也就是如何吸引到更多最优秀的本土化的互联网人才，这不仅是百度的难题，也是所有搜索引擎公司面临的困难。

除了百度股票期权的吸引力外，李彦宏认为：技术人员会更喜欢百度！跟那些跨国公司相比，只要加入，即使是一个刚毕业 3 个月的技术人员都可以编写代码；把程序放到互联网上，亿万用户都可以看到员工的成果；员工还可以根据用户的检验，不断地进行修改。

2006 年，百度被人事部正式授予设立博士后科研工作站资质。至此，百度成为中国互联网行业迄今为止第一家获批拥有博士后科研工作站的公司，也因此成为国内目前最高水平的搜索人才培育基地。

用人模式

1. “不唯上”

在《壹百度》这本书中讲了一个关于李彦宏的经典故事：

> 当年，在为百度的 IM（即时通信软件）产品命名时，李彦宏等人看准了“百度小声”。可是，大多数人却更喜欢“百度 Hi”。当领导意志和集体意志发生冲突时，李彦宏还是选择了后者。
>
> 一天，李彦宏参加了一个由产品副总监召集的讨论会。产品副总监

和其他被邀参会者各自陈述了对这个领域的看法，与会者都发表了自己的意见和理由。

会议进行了将近2小时，最后百度副总最终拍板——“暂不进入该领域”。虽然后来李彦宏又提出可以先和这个领域发展不错的公司“合资”试试，但立刻就被一个在电话上参加会议的人员否定。

这样的会议在百度司空见惯！

在百度，不管讨论任何问题，即使是李彦宏的意见，也不是“一己之见”。在李彦宏讲话过程中，任何人都可以打断，或发表自己的观点，或提出质疑。在一些非绝对重要性的问题上，李彦宏的意见经常会被否定。但李彦宏不以为意，因为他知道：百度不仅是李彦宏的，更是每一个百度人的！

同时，李彦宏和其他管理层还尽量维护学长式的讨论氛围，刻意打破了开会时从职位高的人开始发言的企业传统，减少了高职员工在公司决议上对普通员工的影响。他们坚持的原则是：尽量用网络式的组织形式去替代那些阶层式的组织；用民主参与代替下命令；用团队作战去替代个人英雄主义。

企业领导人做的大多是战略层面的工作，如果不接“地气”，容易忽略来自基层的真实情况。当年，老一辈革命家陈云说“不唯上、不唯书、只唯实”，就是劝诫人们要尊重现实，重视实践，而不是迷信权威和理论。

2. 对事不对人

“对事不对人”是管理定理之一，被诸多企业领域作为管理原则传播着，在百度同样如此！在百度的会议室里，每天都能听到人们的争论，经常会出现直接反驳或争执得面红耳赤的情况。可是，只要走出会议室，大家依然会相处融洽，关键就在于，所有的讨论都是对事不对人的。

管理者要尽可能地创造一个“对事不对人”的管理环境，将事情和人情分开：人是人，事是事。只有在这样的环境下，上司才会不因为人情而回避任何重要和难以处理的事情。但同时也要让下属知道，他所做的一切都是在检讨事情而不是在抱怨人。如果管理者能形成这样的对事不对人的管理环境，下属就会有更大的勇气承担大家对事情的讨论，因为他知道，大家的讨论都是为了更好地做事，而不是为了难为自己。

组织内最有效率的沟通方法，莫过于实事求是、坦诚相待。坦诚地说出自己的意见，需要的不仅仅是勇气，还有一颗公正的心——只关注事物本身的对错，而不是根据这件事是谁做的来给出不同的评判；同时，也不要把对一件事情的判断直接引申为对人的评价。

3. 充分授权

很多管理者或许都经历过这样一些场景：

正要进办公室的时候，一位下属挡住了你，想要跟你报告他的进度，说："我刚给小李打了电话，他说我们的企划案要到7月7日才能做完，所以我要先负责自己的这个客户，吃完午饭我再去管客户小孙。业务通讯这个企划案，一天就可以做完。嗯，顺便提一下，我们的影印机坏了，要不要我去找人修理？"

当你正要跨进办公室的时候，另一位职员又挡住了你，要向你做他的报告，一下子花费掉3分钟。这些职员为什么不能各自负责，不管什么事情都来烦你？其中一个重要的原因就是，你没有把职责很好地交付给他们。

世界成功的大企业的总裁一般都善于通过用人、授权去激发员工的潜能，这已是一个共识。企业小的时候，领导可以自己打理一件件事务，当企业发展壮大之后，如果经营者、领导者还要亲自去打理，显然已经不可能。

所以，只有通过用人并授之以权来解决，才能使自己抽身，才能解脱自己。

对管理人员，李彦宏经常提醒他们：

> 一定要充分授权，千万别大树下面寸草不生啊！要让团队中的每个人在自己的职责范围内都拥有处理事务的充分自由。这样，他们才能更快地成长起来，整个团队才能一天比一天强。

管理者授权的目的，除了将不需要决策的工作释出以求精简工作量外，最重要的是希望能通过“授权”激发员工的潜能，让他们因为拥有更大的权力和空间而尽情发挥才干，从中得到锻炼。管理者授权之后，也应承担必要的责任，获得员工的信赖及敬重；再者，当员工遇到困难时，要及时给予帮助。这样，员工才能更加积极主动地干好工作。

李彦宏属于非常放权的管理者。2015 年 1 月，百度 CEO 李彦宏在北京大学演讲时表示：

> 多数情况下，直接向我汇报的人，他们每天在哪儿我根本就不知道。他们一天到晚忙各自的事情，有事情来找我，没有事情就各干各的。
>
> 在百度的发展过程中，随着它的规模越来越大，我发现光靠我一个人是玩不转的，必须依靠别人的力量才能把事情做成。当我花一点时间在别人身上的时候，结果比我自己花时间做得更好。虽然开始的时候他可能在技术上想得不如我成熟，可是把时间拉长一点，这个人想这个方向那个人想那个方向，最后的结果就是我一个想不出来的。所以，必须把时间花在人身上。
>
> 站在理工科的角度看，怎么样才能带好管好这些人？我没有跟员工喝酒喝到酩酊大醉，我使用了各种机制，让机制发挥作用，让足够多的

人很好地使用这个机制。让很多人利用这个机制成长起来。

做管理是搞一套机制，把人组织起来，让他们发挥最大价值，这个东西比我想象的有意思，管理这个事情是很好玩的事情！

4. 零度空间

所谓零度空间就是，给员工充分的职业发展空间，激发员工自我发展。在员工职业生涯中，组织的首要任务是动态地创造职业发展空间，激发员工的行动力，促进组织与员工的和谐发展。员工个人的发展机会，取决于职场空间的横向空间、纵向空间。

横向空间，即工作扩大化；纵向空间则意味着工作丰富化。从这个角度来讲，横向的发展在一些公司未必能够给员工提供一些职场发展；但从纵向方面会给员工提供很多，比如：接触市场，多技能、多角色，工作和内容越来越多，会接触到方方面面。还有一个零度空间，它不能提供职务，但能够提供职业技能的深入发展。

百度不仅为员工提供了横向空间、纵向空间，还为技术型人才提供了零度空间。在这个空间里，工程师一旦进入百度，就能够接触到国内最先进、最核心的产品技术，所有研发部门的员工都是直接面向用户需求，产品研发出来能够立即付诸应用，员工能够加速成长。

作为中国到达率最高、响应速度最快和最稳定的网站，百度每天都要保障上网用户以亚秒级速度使用百度服务。李彦宏 2008 年在北大演讲时说道：

百度不一定能够给每一个员工最好的待遇，可是我们一定给每一个员工最好的发展机会。一个刚刚毕业的本科生，就可以带一个60 多人的团队做高级经理，在其他公司这可能是不可想象的。正是因为有这样的机制，有这样的发展，我们才可以吸引到很多优秀人才，大家一起把百度打造成全球最大的搜索引擎、全球的中文网站，在激烈的竞争当中，取得我们应该取得的地位。

5. 给员工最好的机会

在中国，有些名牌大学的毕业生一毕业就会进入技术一流的跨国公司，可是却很难被培养成一流的工程师，为什么？

（1）技术转移的限制

即使一个跨国公司在中国建立研究院，也并不会让他们的中国员工接触最核心的技术，因为每个公司都有一个核心机密，他们不会把自己的核心技术代码放在中国。

跨国公司最重要的用户都在国外，中国研发机构无法开发出最重要最核心的产品。中国的学生进入跨国公司中国的分支机构，拿着高工资，却做着最微不足道的事情，个人成长得不到有效的锻炼，个人价值也得不到有效体现。

一般情况下，跨国公司都会把自己的核心技术保留在海外，根本不会将这些技术带进车间，中国员工是看不到这些核心技术的。很多中国人替外国公司工作，其实都是在替外国人服务。可是，百度不一样！百度最大的事情是什么呢？所有的员工都是直接地为他自己、朋友、家人、老乡服务的，这也就是百度能够不断招聘到最优秀的中国员工的原因。一旦进入百度，就可以立刻接触到最核心的技术、最创新的技术，这是与一些互联网公司不同的地方。

调查表明，微软中国研究院是微软公司的全球 6 大研究中心之一，可是只有 100 多名技术人员；与此相对应的是，微软公司有数万名研究人员。同样，在科技贝尔实验室基础科学研究院（中国）也只有100多名技术人员，而朗讯则有30000名研究人员。

（2）应用环境

跨国公司最重要的用户都在国外，中国研发机构自然无法开发出最重要最核心的产品，而百度的核心则在内部是开放的，给人才提供了充分的成长空间。2009年后，百度长期所做的事情就是，从内部培养优秀的人才；把两种人才放在最好的地方，让各自发挥作用。

在人才选拔的判断标准上，百度有“三个不重要”和“三个重要”：你是什么背景不重要，你是什么员工不重要，你以前是不是犯过错误也不重要；重要的是你是否符合百度文化，是不是能力出众，是不是有学习的心态。

百度虽然有7000多人，但推崇的是，打破束缚，锐意进取。李彦宏认为，如果不愿意冒险，不愿意在高速成长的环境中工作，希望获得一份稳定的工作和生活，都是不适合在百度工作的。如果喜欢纯技术，可以向技术领域发展；如果擅长管理，可以向管理领域发展。

在百度办公区的墙上，贴着两幅醒目的海报——李小龙和鲁迅，分别写着“是做一条舒服的虫，还是做一条骄傲的龙”“是翻译，还是用创作寻找中国意义”。正是因为选择了做“龙”、做“创作”，员工才会积极主动地回绝来自猎头公司的电话。

6. 注重创新能力

百度最看重应届毕业生的两个品质：一个是对搜索引擎业务非常有兴趣；一个是具有非常好的综合能力。百度的工作没有经验可谈，需要创新能力。

李彦宏认为，中国抓住互联网机会的一个关键因素就是创新！2014年4

月12日，在第六届百度联盟峰会上，李彦宏表示：

> 目前的中国互联网，虽然远比美国互联网要繁荣，但还存在许多机会。可是，不管做什么、美国出什么模式，立刻copy（复制）到中国来就能成功的时代去了。未来若干年，中国互联网还会有很多的创新，特别是那些年轻人，20多岁的、刚从学校毕业的人，甚至还没有大学毕业的人。百度可以作为一个平台，促进创新，成为创新的助推器、伙伴等。

那么，如何来培养创新能力呢？这里有几个方法供参考。

（1）营造创新的氛围，给员工思考的时间

那些奇思妙想是何时产生的？给员工营造创新的氛围，给员工思考的空间。李彦宏就为百度营造了这种创新的氛围。在一次演讲中，李彦宏说道：

> 从公司文化上讲，大家穿着都是很随便的，上下班时间都是不固定的。我们没有打卡的制度，上下级关系也非常不明显，很多这种公司文化层面的东西实际上是在无形当中鼓励创新。因为我觉得，只有让这些有创新能力的人待在一个比较舒适的环境中，他们才会比较自由，身体的自由才导致了他心理或者说他的头脑自由，他才能够真正去做事情，去做一些新的东西。可是，做这个新的东西的时候不是说闭门造车，不是说脑子里自己突发奇想，而是他不断研究用户的需求。在百度我们经常说的一句话就是——你的用户想要什么！首先要搞清楚这一点，然后再去决定你要做什么。

（2）管理者的职责

树立创新榜样、重视员工建议是每个管理者的职责。员工不会仅仅因为接受过培训或者给予了时间思考就会变得具有创造性，他们还需要鼓励，而这正是管理者的职责所在。

（3）领导者以身作则

对于管理者来说，不管供职于什么企业，位处什么层级，都必须把通过实际的言行来表达创造力的重要性当成他们最重要的职责之一，以身作则，树立创新榜样。

（4）重视员工的好建议

尽管很多公司都设置了建议收集系统，如建议箱，可是如果管理者没有热情采纳的想法，不管公司拥有再多的现成系统，都无济于事。

（5）提高思想感知能力

企业需要理解这个事实：最好的想法可能并不是来自本公司内部。思科公司（cisco）是能够很好理解这一点的典型：他们拥有一个研究和收购部门，而不是研发部门。

7. 容忍失败，鼓励创新

拥有很多世界级科技创新成就的贝尔实验室的高层领导曾经说过："如果说实验室的创新文化有什么特点的话，很重要的一点就是我们允许失败，特别是那些从事基础研究的科学家的失败容忍度要大些。因为创新和失败基本上是一体的两面，没有失败就不可能创新，越是突破性大的成果，失败的概率就越高。"

美国硅谷之所以能够不断焕发出惊人的创新活力，主要就在于，它具有世界上罕见的乐于尝试新事物、鼓励冒险和容忍失败的文化氛围和环境；认同"宽容失败、冒险成长"的价值观；有"敢为人先"的科研业绩考核制度；营造出了一种鼓励研究人员敢于探索高风险课题的宽松学术环境。

在百度，同样容许失败，鼓励创新。这种平等和尊重自由的文化氛围是创始人李彦宏首先倡导起来的，他说：讨论一个事情没有身份的差异，只有观点的对错，而且允许别人失败。只要是犯一些经常性的小错误，任何人不会因为一次想法的失败而被别人看不起。搜索业务需要不断创新，必须提供宽松的气氛，因此，允许创新失败，大家才能不断激励出成果。同时，激励出成果必须要让开发的项目具有可靠性，否则会伤害开发者的积极性。

百度认为，拥有创新的心态，乐于创新、敢于创新是企业不败的根本，对联网行业尤其如此。失败和创造是一对双胞胎，创新中的失败也是在所难免，但百度却能以包容的态度给尝试者提供改进的机会。面对搜索引擎市场激烈的竞争，百度给工程师营造了一种很好的工作氛围。

伟大的创新有时就存在于某些看起来不成熟的想法里，所以要鼓励员工的一次创新，给他们机会去试错。即使明知风险很大，仍然可以让他们去做：可以小规模地尝试，如果结果不好，退回来就是了，但试错中得到的宝贵经验，却可以让团队大步成长。李彦宏表示：百度的创新，是给每个人一个空间，你可以去想，也可以去犯错，最终我会发现最好的建议。

当看到总监过于担心，不敢让下属试错，李彦宏会说：我们现在还是个小孩儿，有哪个孩子小的时候不跌个跤呢？这就不敢走了，以后长大，就更不敢了。小批量试一下，马上就可以知道结果，知错就改，有何不可？我觉得，相比损失的那一点点流量，鼓励工程师有不断改进的想法和创新意识更重要的，它会给我们带来源源不断的前进动力。

8. “轮岗制度”

在百度，换岗或轮岗是家常便饭，每个员工都可以要求到自己最有优势的岗位上工作。对轮岗制，李彦宏这样看：

> 2009 年之后，百度长期要做的事情就是从内部培养优秀的人才。轮

岗实际上帮助员工换位思考，成为团结协作的催化剂；同时它对于我们培养自己的人才是一个不错的方法。如果员工在几个不同的部门干过，将来就有可能做这几个部门的领导，在员工晋升时，轮岗经验也会是一个重要砝码。

轮岗在百度过去的历史上做得并不多，因为百度比较小的时候，每个人擅长的东西都不一样，市场竞争压力大，轮不起。可是现在不一样了，公司有了一定的规模，我们支付得起轮岗之初那一点点学习成本了。原则上，各个人都可以轮，这是平等的，但一定要考虑自己适不适合另一岗位；同时，管理者对你工作的认可、新岗位领导、愿意接受也是必要条件。

除此之外，百度还实行重要岗位双打制：一方面，让管理者积极培养自己的接班人；另一方面，在一个岗位上还可以设立副职。

2011 年 7 月，百度公司宣布对百度销售体系、商业运营体系、用户产品与技术体系、商业产品与技术体系（含云计算及无线技术）四大业务体系进行并开始尝试实行高管轮岗制。这也是百度成立 10 年来，百度组织架构规模的一次调整和变动。

百度所有跟销售有关的部门，包括直销分公司、渠道大客户销售和搜索引擎营销部，统一整合为销售体系，由副总裁王湛负责；

跟商业运营有关的部门，包括商业应用产品市场部、服务管理部、业务运营联盟事业部、商务搜索部，统一整合为商业运营体系，由副总裁向海龙负责；

有的用户产品研发体系和客户端部门，整合成统一的用户产品与技术体系，由副总裁王梦秋负责；

……

百度四大体系整合后，大幅提升了产品研发、运营、销售的管理效率，增进管理链条体系内的协同。其作用主要体现在这样几方面。

第一，大大提高百度运作效率。“最专业的人管理最擅长的事情”是企业的最佳用人方式！销售、产品技术运营，交由四个在这些领域有多年经验的高管，让高管工作起来如鱼得水。

第二，提升各个业务部门的积极性。轮岗之前，百度的四大业务 CEO 中间还有高级副总裁，业务线负责人在高管中并不多见。轮岗时，百度会晋升多名副总裁，多个业务线负责人成为副总，极大地提高了部门的积极性。

第三，加快百度业务融合。在百度的一次轮岗中，原分管销售的副总裁向海龙与分管商业运营的副总裁王湛岗位职责相互调换，不仅增强了运营和销售团队的相互了解，还加速了百度的业务融合。

第四，增加团队的稳定性。互联网行业高管不乏职业经理人，跳槽也较为常见，一旦出现高管跳槽，往往意味着人力资源的大量流失。轮岗，不仅可以让各个副总裁相互制约，也能打破部门形成的关系网，降低人员流失的风险。

第五，提高工作效率。“流水不腐，户枢不蠹”，员工能力的提高，不仅靠知识的学习，更要靠实践的积累。人的知识是有限的，工作经验的丰富和工作能力的提高，只有在实践中才能实现。

9. 股票期权

股票期权对留人也起到了很大的作用！靠工资留住的人，永远不是你想要的人！

李彦宏采取的奖励形式就是——股票期权。百度成立之初，李彦宏就引入了期权激励计划，为了给当时的员工打气，李彦宏甚至表示，“要让前台员工都持有公司股票”。百度的股权激励计划是中国互联网公司中最优厚的激励计划之一。

百度创立初期，基本上是尽量大范围地让员工获得期权。百度上市是一个中国公司最为轰动的“集体致富”神话。因为百度实行的是全员持股的“硅谷模式”，在一夜之间，公司750名员工中就产生了6位亿万富翁、51位千万富翁，还有240位百万富翁。员工平均年龄才27岁，很多人在公司创立时还未毕业。

李彦宏认为，期权激励是百度的特色，很多员工是在公司非常小的时候冒着很大风险加入进来的，都是经过艰苦的努力，一步一步走过来的，因此，通过股票期权获得一定经济上的收益是理所当然的。比如，百度的前市场总监毕胜在加盟百度时，李彦宏问他：是选择高工资、低期权，还是低工资、高期权。毕胜说他选择零工资、高期权。

上市之后，进入百度的员工，即使认购到期权，其授予的价格也是上市后的股价。因此，他们拥有的期权差价，与老员工已经完全不可比拟，激励效果已经大打折扣。由此可见，要留住更多的人才，光靠期权激励是远远不够的。百度显然也意识到了这一点！

10. 高薪激励

李彦宏对百度的要求是：重视小团队、欣赏每个人。2010年7月李彦宏提出了“百度最高奖”，这是百度公司的最高级别奖项，主要针对公司总监级别以下的基层员工。奖励对象为10个人以下的小团队，在一年内在公司重大项目工作中不断创新和突破的。对于获奖者，面对这样的事情，定然会觉得幸福来得太猛烈。

同时，各大微博平台也出现相关讨论，“求奖励”“求百度HR”“老板你看到了吗”等评论不断出现。有人提出，这是IT业巨头们的“作秀”和

“人才争夺战”，但不可否认，百万美元等措施切实地让基层员工得到了实惠。

而且，此举对全体员工的正向激励远比这一百万美元的价值大很多。因为，科技企业最终比拼的是人才。IBM（国际商业机器公司）中国区高级市场经理（格雷斯）说：“百度有一种激励青年人不断创新的、不断绽放的力量。”

企业文化

1. 用文化来管理

在企业管理中，企业文化是非常重要的。

企业管理是企业实现经济利益和社会效益最大化的必要途径与方法；而企业文化是企业管理的指导思想与理论基础，是企业管理顺利进行的保障，是企业管理中缺陷的补充。市场经济条件下，企业之间的竞争离不开企业文化的竞争。虽然企业文化不能较为直接地看到经济效果，但它决定了企业管理的方向，同时也决定着企业能否长期生存并持续发展。

李彦宏曾经说过：

> 企业文化听上去很虚，其实非常重要。公司还没有成立的时候，我们就在想这个公司将来是一个什么样的文化，我们要倡导什么样的精神，就把它定义得比较清楚，就是“简单，可依赖”。虽然这么多年增加了这么多人，可是新来的人会看到老人是怎么说话的，怎么办事的，他们就会也倾向于这样做。所以，这一点保证了公司经过了9年的时间之后，还是非常像当年那七八个人的那种理念，就是说话办事不去藏着掖着，不去拐弯抹角。而且每个人做事都是比较靠谱，这事儿交给他的

话大家都比较放心，就是这样的一个文化。

我在公司营造了硅谷的研发风气，其实硅谷的程序员也并不是那么无政府主义，这种组织还是有一定约束的。我们有产品经理，有工程师，他们之间实际上是一种协作的关系。产品研发的方案，应该说更多的是取决于产品经理。

虽然百度公司的各个办公室名称都是用中国诗词里的名字来命名的，但百度并没有单纯照搬中国传统文化理念进行管理。李彦宏将百度的企业文化总结为：人与人之间互相尊重，鼓励创造和创业的风气，提倡中国的传统文化。

李彦宏认为，百度之所以能够最终成为世界级企业，其核心要素就在于企业文化！因为，其他一切可超越，只有文化是不可超越模仿的！

百度的企业文化可以具体化为以下 29 条法则：

①人一定要做自己喜欢并擅长的事情。

②认准了，就去做；不跟风，不动摇。

③专注如一。

④把事情做到极致。

⑤少许诺、多兑现。

⑥让数据说话。

⑦问题驱动。

⑧不唯上。

⑨对事不对人。

⑩创新求变。

⑪允许试错。

⑫迅速迭代，越变越美。

⑬保持学习心态。

⑭遇到新事物，先看看别人是怎么干的。

⑮高效率执行。

⑯用流程解决共性的问题。

⑰你不是孤军。

⑱打破部门樊篱。

⑲主动分享。

⑳一定要找最优秀的人才。

㉑给最自由的空间。

㉒证明自己，用结果说话。

㉓一个人最重要的能力是判断力。

㉔每个人都要捡起地上的垃圾。

㉕百度不仅是李彦宏的，更是每一个百度人的。

㉖用户需求决定一切。

㉗听多数人的意见，和少数人商量，自己做决定。

㉘帮助别人，成就自己。

㉙公司离破产只有 30 天。

2. 向文化要效率

和国内公司比较起来，李彦宏发现，15000 人以上的公司在中国有很多，而 15000 人只干一件事的公司却很少。如今的百度，就是 15000 人同时做一件事情。那么，百度是如何保持小公司的效率呢？

Google（谷歌）发展到 16800 人时，迅速推出了 Android（手机操作系统）。当时，还有一家已经有 30 年历史的公司，其在 2009 年年初雇用了一个华裔，他叫陆奇，在搜索领域内做得非常优秀。在接受《行业周刊》采访时，他说，自己每天早上3点钟起床，跑5英里后开始工作，一天工作19小时。记者问他为什么要这样，他说，我出生在中国农村，小时候很穷，用不到干净的卫生纸，喝不到健康的水，现在条件这么好，我没有理由不努力做出一番事情来。

这个故事告诉我们，即使在微软这样的大公司里，如果想做一件事，也能打破常规迅速实现。回过头来看看百度，百度的很多产品在业内领先，但并不是没有空间了，而是危机感不够强！每一个产品提升的空间都很大，百度的目标是成为亚洲最大的媒体平台。要想实现这个目标必须做到3件事：最多客户、最强的变现能力和覆盖最多的人群。那么，怎么样才能让一个大公司保持比较高的效率？李彦宏首先想到的是文化，结合内部沟通，受命要做的项目！

3. “一人一世界”

企业使命感，是由企业所肩负的使命而产生的一种经营原动力，是企业文化的精髓，可以引导企业不断完成新目标。其一般表现在，为社会为员工所要付出的努力和贡献的责任上，一旦有了使命感，无论做什么事情，都会非常认真和努力。

2012年1月，李彦宏在百度年会上说道：

> 2011年百度推出了新首页。从“即搜即得”到“即搜即用”，再到“不搜即得”“即搜即用”，我们实现了让用户获取信息从“一步到零步”的跨越。这是百度首页自诞生以来变化最大的系统工程。
>
> 大家都看到了百度世界大会上新首页的闪耀登场，可是很多人可能并不知道，新首页的背后是技术工程师和项目团队夜以继日的奋斗。负责新首页导航数据挖掘的团队只有7个人，完成这项任务，公司给了他

们58天。在这短短58天里，他们汇总、整理和分析了2000多万用户的历史数据，为将近600万登录新首页的用户提供了高度准确的自动导航服务。

项目后期，时间已经非常紧张，他们抓紧每一分钟对产品进行第二次、第三次的研究。我和PM（搜索引擎产品市场部）在这期间对产品提出了很多问题和意见，无论是上班时间，还是下班之后，甚至是午夜或者凌晨，总是能看到他们很快地做出反应和调整。

激励他们这样日夜为之奋斗的动力是什么？他们的解释是：他们就觉得这是一个非常有意义的方向，通过首页导航能够帮助更多的人使用互联网。

比尔·盖茨曾说：“我不是在为金钱工作，钱让我感到很累。工作中的成就感和体现出来的使命感才是我真正在意的。”使命感可以驱策人向前买进，因此必须赋予员工使命感，鼓舞企业员工去接纳公司的概念，分享公司管理者的经验及态度，认同公司的方向，并且去执行。这样，员工就有可能在工作中更投入地关心公司的成长。

李彦宏曾说：使命是前进的动力。企业使命要具体化、形象化、清晰化、生动化。组织的愿景，是鼓舞企业前进的巨大动力源泉。强烈的使命感会给企业家以勇气，以及赴汤蹈火也在所不惜的献身精神。

一位哲学家说，“没有一些没有献身精神的人能做出什么伟大的事情来。”只有那些具有强烈使命感的人才会具有这种为事业献身的精神和力量。2012年1月，李彦宏在公司年会中说道：

百度一直是一个有理想、有使命感的企业，这种力量激励着我们在座的每一个人，哪怕离开了这里，这样的理想和信念仍然流淌在他们的血液中。

在百度创立之初主要是为门户网站提供搜索技术服务。经过2000年与2001年的网络低潮后，我们意识到了直接面对终端客户的必要性，战略转型独立的搜索门户。但百度的爆发期并没有在这次转型后立即出现，而是出现在年后的2004—2006年，也就是中国搜索引擎的爆发期。

可以说，市场成熟是百度迅速壮大的一个重要原因。如果没有这种渗透到生活中去的市场渗透力，百度不可能成长为今天的规模。在百度成立之前，绝大多数的互联网都是英文，中文只占很小比例，中文在互联网上是一个非常弱势的语言。求收录网页的数目，在别的地方找不到的东西在百度上可以找得到，而在百度上找不到你在别的地方就几乎是找不到的。公众慢慢形成这样一个印象之后，就会突然意识到搜索引擎其实非常有用，而搜索引擎也变成了一个大众型的产品。

当然，在相同的市场环境下，不是谁想做就能做一个行业。为何在搜索引擎领域获得成功的中国企业寥寥无几？主要原因是搜索引擎的技术门槛很高。直到现在，真正掌握自主核心技术、有市场地位的搜索引擎在全球还是非常少的，基本上是中国、俄罗斯、韩国、美国各一家。西欧国家也很发达，可是全都没有自己的搜索引擎。

除了市场成熟，技术创新一直是推动百度成长的一个动力。举例来说，早期的时候大家对于中文的人名都没有去认真考虑过，比如“王志”和“王志东”本是两个不同的人，但在英文搜索技术中，人们在检索“王志”的时候，就会出现“王志东”的相关信息，因为在英文搜索技术中两者相互匹配。百度对此进行了技术创新，而实现了信息检索的精确与有效。

在西方的搜索引擎中，检索词越长，用户检索到的信息则越多，但在百度，检索词越长，用户检索到的信息就越少。因为他们认为，所有与检索词中任一词语相关的信息都应该出现，这样才能确保用户检索的精确性。百度一直在致力于收集最多、最全的信息索引，以全面满足人们的搜索需求。类似这样的技术创新是很多的，没有这些东西是不可能成功的。

2002年3月，北京春寒料峭，Google正在加紧他的华语市场扩张。百度的新年突然紧张起来，按照李彦宏的意见，以雷鸣为首的“闪电计划”成员必须在9个月内“让百度引擎在技术上全面与Google抗衡，部分指标还要领先Google……”

雷鸣是北京大学计算机系2000届硕士毕业生，在学校里就小有名气，是个搜索引擎方面的天才。雷鸣的“闪电小组”很快行动起来。李彦宏给他们另外还下达了具体指标，要求“闪电计划”完成后，百度的日访问页面要比原来多10倍，日下载数据库内容比Google多30%，页面反应速度与Google一样快，内富主哥辑率全面超过Google。

2002年12月，“闪电计划”终于大功告成！

4. 技术改变世界

2014年4月24日，百度第四届技术开放日，正式发布了全球首个开放的大数据引擎，拥有包括开放云、数据工厂、百度大脑三大组件在内的核心大数据能力。通过大数据引擎，把大数据存储、分析和挖掘的技术能力全面向外界开放。

李彦宏出席了这次技术盛会，并发表了致辞。李彦宏表示：“技术积累到一定地步的时候，会发生量变到质变。量变过程中不会觉得很重要，但当发生质变的时候就有可能被打得措手不及。而人类的思维通常习惯于去想量变的事情，而忽视质变、即将到来的质变。”

在李彦宏看来，“互联网在改变中国，这个可以说是过去时，甚至是现在进行时，可是我们怎样才能够为未来时做准备呢？我觉得这就需要我们对技术、对大数据，或者以大数据为基础的互联网相关技术，有一个及早的了解、及早的认知、及早的拥抱。”如今，百度大数据引擎发布，一定程度上也意味着百度技术积累的“量变”已经达到了一个临界点。

今天，几乎每个传统产业都在感受着互联网对自身的冲击，“质变在即”，如何转型迎接互联网时代的挑战，是他们昼思夜想的问题。李彦宏给出的两个答案是：重塑互联网思维、拥抱互联网技术。

李彦宏是第一个提出互联网思维的企业家，这些年他以技术改变世界为信仰，带领百度不断地进行技术革新，让互联网思维具备更为扎实的技术基础。从超链分析、“框计算”到语音、图像等技术的突破，再到今天已具备2~3岁孩子智力能力和语言能力的“百度大脑”——百度已经为其开放大数据做好了深厚的技术积累，这也使得它顺理成章地成为了最先掌握大数据技术的实践者。

一个大规模生产、分享和应用数据的时代已经悄然拉开帷幕。在这个充满无限可能的时代，需要更多像李彦宏一样的企业家，能够持续加快以大数据为基础的互联网技术革新，最终以技术改变互联网，让互联网更深刻地改变中国。

5. 需求决定一切

用户，不仅是互联网企业的衣食父母，更是推动互联网行业发展的根本力量。目前，所有成功的互联网商业模式都是为了满足用户需求，“先用户后赢利”几乎是互联网企业发展的铁律。

在用户体验的完善和改进上，百度一直都在实施创新。比如，在百度贴吧诞生时的2003年12月，还没有Web 2.0（微博2.0）一说，但当时的百度贴吧已经以一种用户主动的网络服务，强调用户自主参与、协同创造和交流分享；2011 年“五一”，百度提出了“框计算”技术理念，打开电脑，电脑的屏幕中心只会出现这么一个框，用户只要把需求告诉这个框，就可以获得满意的答案。

如果你的技术是不被市场所需求的，那么其价值就会很低。决定一个产品好不好、一个技术是否有价值的永远是用户，他们有需求，你就做；没有需求，你就不要做。

2003 年，美国最大的卫星图像供应商通过关系找到百度，希望向百度提供优质的卫星图像，帮助百度建立一个自己的卫星地图引擎系统。工程师小蔡知道这个消息，觉得很兴奋。那时，百度最大的竞争对手 Google 在美国刚刚推出“Google Earth”（谷歌卫星地图）没多久，其使用的也正是这家卫星图像供应商提供的卫星图像。

从技术的角度来看，有了供应商提供的高质量卫星图像原始资料，开发一个类似“Google Earth”的卫星地图引擎系统是一件很简单的事情。小蔡连夜给李彦宏写了一封长长的电子邮件，希望公司尽快跟美国卫星图像公司签署相关合作协议，尽快实施该项目。

李彦宏立刻给他回复了邮件。可是，出乎小蔡的意外，李彦宏并没有接受他的建议，李彦宏在邮件中写道：卫星地图引擎虽然很酷，但其实人们只是觉得新鲜，新鲜劲儿一过，关注就少了。我们不会仅为吸引眼球而开发什么炫酷的产品或技术，要更多地关注用户在找什么类型的信息，以及百度的产品和服务能否满足他们的需求。百度与其他公司不一样的地方就在于，百度的技术开发理念是 listen to the users（倾听用户），listen to the market（倾听市场）。

“用户需求决定一切”，是李彦宏为百度定下的最高行动纲领。

随着社会和行业的发展，用户的需求也会发生变化，也会不断出现新的用户需求。2011 年 9 月 2 日，百度正式推出了全新首页，进一步展示了其开放的决心。百度的开放策略和满足用户需求是密不可分的。数据开放平台 11 的推出，用户可以直接在百度的搜索结果页面上看到所需的相关信息，实现了“即搜即得”的搜索体验；应用开放平台则是针对用户对网络应用需求的激增而适时推出的，进一步实现了“即搜即用”的便捷搜索体验；而在互联网追求“个性化”的趋势下，全新的百度首页也应运而生。不仅增加了导航通知、实时热点、应用、新鲜事四大模块，百度还通过服务集成、智能推荐等方式，为用户推荐符合其精准需求的信息与应用，让其打造属于自己的个性首页。

其实，百度框计算也是根据用户的需求而提出来的。李彦宏在一次演讲中说道：

框计算的理念开放的平台，是需要很多合作伙伴的支持。数据开放平台，是 2009 年框计算刚刚提出做的一件事情。框计算给用户提供一站式的服务。最开始的时候我们做得比较保守，先解决用户的信息是极其确定的，我们知道他在干什么，并且答案有确定性。三加五等于几？等于八，只有一个确定的答案。今天的天气预报，最高多少度，最低多少度，有没有下雨，都是有确定性答案的。2009 年数据开放平台就是解决这个问题。

我们刚刚推出数据开放平台的时候，美食天下就加入了这个平台，如今已经取得了高速的成长，月访问次数从 6 千万涨到 2 亿 6 千万。

到 2010 年，我们通过数据开放平台证明，框计算不仅仅是一个理想，更是现实，是用户需要的，所以我们往前又走了一步。2010 年在百度世界上，推出了应用开放平台。大家看到各种各样的应用，都可以镶嵌在百度搜索结果里面。

也就是说，在百度搜索结果页面，直接可以做很多用户交互，玩游戏，或者计算器、或者听歌、娱乐的需求，它都可以直接在百度搜索结果页面上进行展示和完成。

6. 让更多企业获益

百度成立之前，中国人从来没有像今天这样能如此便捷地获取信息。今天，百度收录的中文网页已经超过 150 亿个。面对如此庞大数目的中文网页，一些国外公司的 CEO 也都承认，未来 5 年，中文有可能成为世界上第一大互联网语言。不可否认，在这方面，百度也是发挥了一定的推动作用的：用自己的技术和努力使互联网上的所有中文信息更容易被发现，而让公众更便捷地获取所需要的信息，一直是百度的理想！

在实现这个理想的过程中，百度不会刻意去思考哪类人是自己要争取的人，它的目标是：让远在新疆种地的农民能够像大都市里的人一样，想知道什么就能知道什么。所以，百度的员工不会坐在办公室研究什么产品花哨，他们整天都在思考的问题是——什么产品和服务是普通老百姓真正需要的，而贴吧、知道等就是从这一出发点设计出来的产品。

百度所做的产品，所提供的服务就是要让最多的人从中受益。

2009 年 5 月 12 日，四川汶川大地震周年纪念日，李彦宏和他的百度再一次想到了四川灾区的老百姓。当了解到地震重灾区绵竹盛产的年灾迟迟不能打通路、影响灾区的灾后重建后，百度毅然决定在日访问量高达数亿次的搜索引擎首页推出以绵竹年画为主要元素的 Logo，为灾区特产年画做起了广告。

李彦宏表示：做企业是改变世界的最佳途径，在市场经济的环境下，如果你能为别人创造份值，就能获得相应的回报。这是一个可以享受的过程，尤其是有企业家基因的人。如果你们走过这样一个路径，会感到非常地幸福，非常地不平凡。即使这个中间发生各种各样的挫折，可是走过去之后，你会学到很多东西，还是幸福的。

2010 年，李彦宏在一次演讲中说道：

百度作为一个搜索引擎，一直在向一个方向努力——使互联网这个网络更加的开放，让更多的企业从中获益。就是说，在中国互联网这个行业里，其利益相关者，最多的应该是百度。为什么？一般的公司利益相关者无非是员工、股东、客户，而百度这样的公司要比这个多得多。

除了这三个方面之外，百度还有用户。媒体都是这样，你有受众，你有广告主，这是两方面，一方面你要挣钱要有广告主，另一方面为了获得市场要有受众，所以百度多了好几亿的用户，这些人都是百度非常大的利益相关者。

百度还有联盟的网站，大约有几十万家的这个联盟网站，他们跟百度的合作，都能从百度里寻找到相应的收入，他们也是百度利益的相关者。

除此之外，百度还有一个利益相关者，这个利益相关者以前关注不是很多，可是现在百度越来越深刻地感觉到这个利益相关者也是非常非常重要的，那就是中国几百万家的网站。任何一个互联网公司、互联网的网站，不是单指你互联网公司，任何一个公司都要有一个网站。这个网站的流量第一大来源一定是百度，哪一天这个流量增加了，大家都会很感兴趣，减少的话都会很着急。

7. 执着、专注

百度 CEO 李彦宏曾说：

我做搜索引擎时间比较长，在大学本科阶段，我学习的就是信息检索，对搜索引擎无论是产业地位还是技术方向，都有比较深的了解。我始终认为，搜索引擎是互联网时代非常基本的需求，需求越来越丰富，上网时间越来越长。

如今，人们接受信息、获得信息的成本越来越低、越来越方便，搜索引擎的作用在人们日常生活中影响力定然会越来越大。所以，我坚信，搜索引擎有非常好的前途。

我有一个基本的理念，你不可能吃所有的螃蟹，门户有门户的活法，可是搜索这块肉我是吃定的。

即使不被人理解，李彦宏始终对中文搜索技术情有独钟——梦想做“属于全世界最好的搜索引擎”。为了这份痴迷，他甚至砍掉了利润丰厚的彩信。

“专注”是李彦宏强调最多的字眼。从 19 岁进入北京大学攻读信息管理专业，到专门进入美国布法罗纽约州立大学攻读计算机科学硕士，然后陆续担任道公司高级顾问、《华尔街日报》网络版实时金融信息系统设计者，还有 Infoseek（早期的搜索引擎）技术工程师……在美国期间，在同班的 40 名同学中，现在只有李彦宏还在继续着搜索行业。李彦宏的这份专注，已经转换为公司的一种文化。

在李彦宏眼里，百度和搜索领域还有很深的潜力可以挖掘，自己目前只是将搜索这个领域不断翻新。可以说，正是李彦宏的这份专注，成就了他今天的成功。2008 年，李彦宏在北大本科生毕业典礼上讲话时说道：

在百度上市之前，百度只做一件事情就是中文搜索。在创业初期，搜索在美国硅谷并不是炙手可热的概念，当时更热的是电子商务，以及后来在中国火起来的无线、网游等。百度在招第一批职员的时候碰到一个人，他技术很好，我特别希望他能加盟，可惜他对我说，如果我们不做 e—commerce（网上购物）他就不来。

2001 年，有一位百度的工程师找到我，很认真地说他想做网上购物，结果被我拒绝了，之后，他离开了百度。百度上市后，也有一些共事多年的老同事先后离开了百度去尝试更多的业务。

很多时候，我感到百度之所以能够一直坚持做搜索是因为我对专注有宗教一般的信仰。普通人很难想象，对于一个有 2 亿用户的公司，每天要面对多少诱惑。百度可以做 100 件事，最后我们只选择了一件，做就是 8 年，而且还会再做下去。

人一生中可以完成的事情是有限的，只有专注才能让自己变得足够优秀，所以说："有所不为，才能有所为。"百度之所以能够在中国取得成功，并非借助任何外力，而是因为该公司愿意专注并适应中国市场。李彦宏是一个非常专注的人，一旦认定方向就不会改变，直到把它做好。

人生是短暂的，可以做事业的时间是有限的，可以支配的各种资源也是有限的。只有专注于自己最喜欢做、最擅长做的事情，才能让自己变得足够优秀，才能出类拔萃。这么多年来，李彦宏一直专注于中国市场。对于新业务，李彦宏并不认为已经偏离了百度专注做搜索的轨道。2009 年，他在接受媒体采访时说道：

外界对百度有误解，百度现在的访问量非常大，用户规模非常大。但百度还是一个很单纯的公司，主业还是网页检索，网页检索收入占总收入的 90% 以上。

尽管百度也在不断地尝试一些新东西，比如电子商务、海外业务拓展，但主要精力还是放在与网页检索相关的业务上。我一直非常坚持一个原则，就是"专注"，把一件事情做到极致需要非常地专注，把主要精力放在一个地方，才能做得比别人好。中文搜索还处在早期阶段，还有非常大的发展空间。

在李彦宏看来，对自己要有一个客观的判断。首先要判断自己能做什么、不能做什么。李彦宏个人的成长经历非常简单，过去十几年做的无非就是和搜索相关的技术。他说：我感觉，在做其他事情上，我可能不如别人，但在做搜索上，别人不如我。有了这一点认识之后，做事就是按照这样的逻辑来做判断、来做决定的。

8. “简单可依赖”的核心价值观

百度是一个什么样的公司，或者说百度的文化是怎样的。五个字：简单可依赖。

什么叫简单？所谓简单就是说话不绕弯，上下级之间没有那么多的规矩，层级没有那么明显，没有公司政治，不琢磨那么多乱七八糟的事，直来直去；就是产品用户用起来上手非常快，不需要学习就会用。

什么是可依赖？可依赖就是你有本事，别人交给你活儿是很放心的，你能干好这个活儿。人和人之间是可以依赖的，这个事情交给我了，请你放心我一定把它做好。

很多中国企业“其兴也勃焉，其亡也忽焉”，内部消耗是其中一个很大的问题。很多企业文化是江湖文化、山头文化、后宫文化、官文化、毛文化……内部发生一件事情，就会用阴谋论的方法来解释。由这种文化来主导的企业往往很难做大做强，功亏一篑的案例时有出现。

“简单可依赖”的公司使得百度内部的人际关系非常简单，对于李彦宏来说，管理难度就大大降低了，所以李彦宏说：我虽然是一个技术人员，但到现在还能坐在 CEO 这个位子上。这并非是我个人能力有多强，而是因为公司内部关系简单。

企业政治是企业文化的毒瘤，百度摒弃了任何类型的企业政治，倡导简单可依赖的人际关系，轻松的工作氛围。李彦宏认为，只有通过一个企业的文化才能够在一个公司比较大的情况下仍然保持比较高的效率。

从2001年开始，一直到2004年左右，企业文化都是一种没有经过总结，完全自发的。李彦宏觉得公司人员增多，需要有一套说辞，最后想到了“简单可依赖”。

在快速变化的行业，在快速发展的百度里，管理者随时随地都能够看到很多纪录的刷新，比如：员工数量、业绩收入……从很多角度看百度每天都在创历史新高。但越是在这样的情形下，越需要坚守文化，用“简单可依赖”的文化为公司的高速发展保驾护航。

在“简单可依赖”的文化氛围中，每个百度人始终都以积极乐观的心态面对外界的挑战，每一个百度人始终会在其他兄弟团队遇到压力时与他们积极面对。这正是百度从工作中获得幸福感的源头。

简单的文化也在百度得到了很好的贯彻，比如李彦宏在食堂吃饭时，不会有让座，开会时也绝不会有人给李彦宏留位置。在百度进入日本市场之后，员工总是不会当面向同事和上级提出反对意见。在反复沟通后，当一位日本员工终于当众提出了反对意见后，全体中方员工起立为他鼓掌。李彦宏表示：简单可依赖是没有部门利益，只有整体利益——我们的利益都是同样的，因为99%的收入都是从这儿一块来，不要说我是产品部我要追求这个，我是销售我要追求那个。销售不是说多出几条广告就可以增加收入，可是受出广告条数增加的影响，以后的广告也会减少。每当有矛盾时，你就会发现，我们的目标其实一直都是一致的，利益也是一致的，部门利益就是整体利益。这是简单可依赖的。

直到百度在纳斯达克上市，李彦宏仍然坚持着“简单可依赖”的企业文化，没有对百度的企业文化和价值观进行过大的变革和升级。2009 年，李彦宏在接受《中国企业家》采访时说道：

> 百度从第一天开始到现在，由于我们这种文化的特殊性——简单可依赖，上下级的关系不明显，上班时间也不是很固定，每个人都可以直接说出自己的想法。这样的文化导致了这个公司本身他的创新能力和动力都是非常大的。这样，我觉得是那些特别成熟的公司所不具备的，我也不能够放弃这种文化。

凝聚力不是基于规章制度，而是基于自发的冲动和创业激情。在百度工作之后便可以体会到，在好的工作氛围中做一件有前途的工作是很有成就感的。简单的人际关系可以让员工放心地工作，简单而快乐！

9. 试错理论

这是李彦宏最重要的管理理念之一。在他看来，公司迈出第一步最为重要，新产品出来时总是不完美的，不要期望完美了再推出，可以在推出后一点点发现问题，一点点改进，在无数点滴细节的完善中，逐步趋于完美。

百度从零开始成长到今天，同样经历了一个从不完美到完美的过程。百度推出的第一个版本的搜索引擎，存在很多缺陷。对于这样的产品，到底推还是不推？百度创始人之间存在不同的看法，李彦宏最终拍板——先上线再说。

在上线的同时，百度集中技术力量进行攻关，针对出现的问题进行持续优化。目前，百度的搜索系统每天都有很多改进，每隔几个月就有一次大的升级。百度就是在这样不断的优化、升级中，迅速从竞争对手的手里抢过了市场份额，成为世界最大的中文搜索引擎。

李彦宏在实践中一直奉行他的“试错理论”，一般采取的是试探性前进的做法，不会贸然进行大规模投入，只有在看到比较好的发展前景的时候才会进行大规模作战。

很多时候，百度的发展是没有太多成功先例参考的，尤其是在中文搜索领域，百度本身就是这个行业的领先者。作为跑在最前面的企业，百度在很多时候其实是看不清楚某项业务的发展前景的。这时候，李彦宏主张，要勇于试错，要在摸索、实践中不断调整和提高，直至找到一个完美模式，然后全力以赴。

百度做贴吧、MP3（一种能播放音乐文件的播放器）搜索等系列产品，其实就是试错的过程。尽管大量搜索数据已经显示，用户对这些产品有强烈的需求，可是，事实究竟是什么样的，只有实践后才知道。为此，百度先推出了贴吧、MP3 搜索等产品，然后根据用户的反馈迅速调整，不断改善。这些产品最终都取得了巨大的成功。

试错也有失败的案例。

> 百度的一位工程师曾提出能不能将搜索结果页模板的行宽从 500 像素调整至 600 像素。基于用户电脑配置高低的考虑，李彦宏并没有马上投入大规模的尝试，但也没有否决这个提议，而是小批量上线试试，如果用户体验确实提升，那流量可能会增加，如果用户体验不好，那不做就行了，问题也不大。最后，百度选取了 10% 的用户，进行了小批量上线尝试，结果用户的点击量不增反降。

每当看到总监们过于担心，不敢让下属试错的时候，李彦宏常说：“我们现在还是小孩子，有哪个孩子小的时候不跌跤呢？这就不敢跌跤了，以后长大了，就更加不敢了。小批量试一下，马上就可以知道结果，知错就改，有何不可？我觉得，相比损失的那一点点流量，鼓励工程师有不断改进的想法和创新意识是更重要的，它会给我们带来源源不断的前进动力。”

在百度身上，可以看到一批中国企业尤其是知识型企业，管理模式的转变。李彦宏的有机管理模式为后来者提供了有益的借鉴。

创立百度之前，李彦宏已经跻身全球最顶尖的搜索引擎工程师行列，其拥有的“超链分析”技术专利，是奠定整个现代搜索引擎发展趋势和方向的基础发明之一。

2000 年 1 月 1 日，李彦宏在中关村创建了百度公司。2005 年 8 月，百度在美国纳斯达克上市，成为全球资本市场最受关注的上市公司之一。在李彦宏领导下，百度不仅建立了优秀的搜索引擎技术团队，还拥有了优秀的管理团队、产品设计、开发和维护团队；在商业模式方面，同样具有开创性，对中国企业分享互联网成果起到了积极推动作用。

目前，百度已经占据中文搜索引擎超过 7 成的市场份额，是全球最大的中文搜索引擎，也是全球跨国公司最多寻求合作的中国公司。随着百度日本公司的成立，百度加快了走向国际化的步伐。

第二部分　经营模式之战

第四章　腾讯——集中企业优势各个击破

“流量—变现”：向用户直接收费

如今，普通用户对腾讯的认识或许依然停留在 QQ（即时通信工具）上，但这个好用的即时通信工具，绝大部分用户在使用的时候并没有花一分钱。而且，腾讯还为用户提供了很多其他的产品和内容，如微信、QQ 音乐、QQ 门户等。

通过互联网，用户完全可以免费利用腾讯的产品来满足大部分的在线生活需求。可是，腾讯是依赖 2 万多名员工和庞大的服务器群来提供这些产品和服务的，运营成本很高。那么，腾讯是如何通过这些成本不低的免费工具，实现了 70 多亿美元的年营收的呢？

自从互联网企业的鼻祖雅虎开了服务免费的“好头”以后，“烧钱赚流量”和“流量变现”就成为了横亘在所有互联网企业面前的难题。如何获得流量和流量的变现效率，在很大程度上影响着互联网企业的赢利能力和市值表现。而对于“流量变现”这个难题，腾讯却交上了一份相当出色的答卷。

从时间维度来看，腾讯几乎经历了中国互联网发展的每个重要阶段，几乎没有漏掉任何一个关键节点，包括 SP（互联网服务提供商）服务、门户、电商、搜索、网络游戏、视频、SNS（社交网络服务）、移动互联网。同时，腾讯以“做互联网的水和电”为口号，提供了近千种互联网产品和服务，几乎涉及互联网的每个领域，而各个业务单元的商业模式也都不一样。

手机 QQ：与运营商分成

移动 QQ 是一种与手机绑定在一起的上网联系方式。使用移动 QQ 有很多方式，常见的有：GPRS（通用分组无线服务）、WAP（无线应用通信协议）上网、使用 Wi－Fi（无线局域网）连接上网。目前，移动 QQ 主要支持中国移动、中国联通或 Wi－Fi，还有中国电信。

QQ 手机版（手机 QQ）是由腾讯公司打造的一款移动互联网领航级手机应用，已经全面覆盖到了大手机平台，为近 6 亿的活跃用户提供服务。

2013 年，QQ 提出了“乐在沟通”新主张，不仅实现了更好的移动化社交、娱乐与生活体验，还展现出了强劲的商业化能量。一些新功能，比如：闪照、多彩气泡、原创表情、个性主题、游戏、阅读、语音、视频、附近的人……都受到了用户的欢迎，满足了不同移动场景下的沟通和分享需求。

2013 年 9 月 10 日，手机 QQ 5. 1 新版正式通过腾讯应用宝独家首发。其变身为健康专家，不仅能测肺活量，还可以通过手机 QQ 实时查看运动指数和健康指数等信息。

虚拟商品销售：“一手交钱，一手交货”

2004 年 4 月，Face book（脸书）还是一个在哈佛校园内刚刚上线的照片评分网站，腾讯的用户数量则已突破 3 亿。坐拥“亿级用户”这座金矿的腾讯，并不满足于仅仅通过与电信运营商分成这种模式来变现。那么，是否能直接向 3 亿用户销售物品？

为了实现“一手交钱，一手交货”的愿望，腾讯主动向韩国互联网企业学习，精确地把握了中国用户的心理，不仅创设了“网络虚拟形象”，还为用户提供了 QQ 秀和衍生产品。

虚拟的 QQ 秀，边际成本依然无限趋近于零，但边际收益却不会无线趋近于零。要想将这种“虚拟商品销售”的商业模式运行起来，需要具备几项关键资源能力：首先，数量庞大的用户基数。没有庞大而活跃的用户群，单个用户的平均成本高，可转化的用户基数低，赢利能力有限，就会进入“产品数量少—吸引力低—用户数少”的恶性循环。其次，“网络虚拟形象”服务需要基础产品具有相当强的社交属性，才能存在用户价值的空间。

通过销售虚拟商品商业模式大获成功的互联网企业，目前中国仅有腾讯一家。这种商业模式中的业务系统和赢利模式并不复杂，但在“拥有庞大客户群，产品具有网络效应”及“产品具有社交属性”这两项关键资源上，腾讯却遥遥领先。

“Freemium”模式：“多数人免费，少数人收费”

在“虚拟商品销售”模式获得成功的前提下，基础产品 QQ 收费是否可行？

在 QQ 试图推出收费会员服务的同时，淘宝通过免费服务打败了易趣收费服务，在易趣占据逾 90% 市场份额的情况下反败为胜。而当时有微软撑腰的 MSN（门户网站）正在进入中国市场，已晋升为全球第一大电信运营商的中国移动也推出了飞信。

在激烈的竞争环境下，在成功推行“Freemium（免费增值）”收费服务上，腾讯灵活的机制、超强的产品能力和运营能力起到了关键作用。

首先，腾讯一步步扩充免费服务的内容，包括 QQ 群服务、网络硬盘、

QQ 秀、QQ 靓号、皮肤、上线铃声、表情漫游等，产品不断扩大了功能和体验上的领先优势。

接着，开始了多元化的尝试，围绕用户在线生活的需求，腾讯依靠 QQ 品牌以及低成本、高到达率的推广渠道，不断推出了各种产品：QQ 游戏、QQ 音乐、QQ 浏览器等。

待这些免费服务在各自领域占据前三的位置时，腾讯已经拥有了庞大的产品特性类型和衍生服务种类，这样就为推行“Freemium”模式奠定了坚实的基础。之后，腾讯便在“不伤害大众用户体验的基础上，增强了对付费用户的吸引力”运用这项核心商业逻辑，腾讯就把竞争对手远远地抛在了后面。

其实，“Freemium”模式并不是腾讯的独创，而其会员增值服务却是中国互联网企业里运营得最为成功的。庞大的用户数，及数量庞大的产品和服务种类，是“Freemium”模式得以成功的关键资源能力。MSN、飞信和 QQ 相比，无论是产品特性和衍生服务种类都要少得多，如果一刀切推行“Freemium”模式，会严重伤害免费用户体验，使用户流失。

与迅雷、暴风影音等其他采用“Freemium”模式的互联网企业相比，服务种类数量多，以及各产品在流量、品牌和服务细分方面的互相支持，是腾讯出色运营的原因所在。前者，服务种类有限，没有包围用户的多种客户端，只能采取付费取消广告这种人为设置、破坏体验的方式，但并不依赖于广告，数量也少得多。相较之下，迅雷的免费用户则要忍受大量的广告和捆绑服务，并在“高速下载”和“离线下载”等核心功能上受到严重限制。

同时，“Freemium”模式要运转起来的关键资源能力——“服务种类的数量”，也为腾讯日后的战略扩张种下了基因。为了巩固其细分基础，扩大运营优势，甚至包括音乐、博客等这些难以独自赢利的产品领域，腾讯不断地进入新领域：

绿钻服务，使腾讯音乐成为全国唯一一个运营正版音乐而能独立赢利的音乐播放器；

黄钻服务，让QQ空间成为全球第一大博客的同时实现独立赢利；

蓝钻服务，让QQ休闲游戏在打败联众之余，还成为公司的赢利来源之一。

至此，在“亿级用户”的基础上，腾讯通过合作分成模式、销售虚拟商品模式和“多数人免费，少数人收费”的“Freemium”模式，将“流量-变现”思路切实落地。

依靠这三类逐渐成形的商业模式，2004年腾讯税后净利润达到了4.5亿元，并成功在香港联交所上市。

微创新赶超：从模仿到赶超

2010年7月，《计算机世界》刊登了有名的《狗日的腾讯》，直指腾讯业务的模仿和抄袭。业界之所以会吼出这句“国骂”，原因就在于，腾讯在模仿之后的积极超越。马化腾认为，模仿是最稳妥的创新！如果将腾讯和深圳的高新产业放在一起认真思考，就会发现，腾讯一直都在模仿，一直都在前进，而这也是其超越其他两大巨头的一大利器！

1. 从模仿到创新

1998年，腾讯诞生，结果被人称为“山寨天堂”的深圳华强北。有些网友甚至还列出了长长一串腾讯的“模仿”名单：腾讯QQ模仿ICQ（即时通讯软件）、腾讯TM（商标域名推广）模仿MSN、QQ游戏大厅模仿联众、QQ对战平台模仿浩方对战平台、QQ团队语音模仿UCTalk（多功能网络游戏辅助工具）、腾讯拍拍模仿淘宝、财付通模仿支付宝、QQ拼音输入法模仿搜狗输入法……但真正让业内一致吼出那句国骂的还在于，腾讯模仿之后的超越！

2003 年 8 月，腾讯 QQ 游戏第一个公开测试版本正式发布，从平台到游戏设计完全是联众游戏的翻版。结果在短短一年后，QQ 游戏平台就将联众赶下了中国第一休闲游戏门户的宝座。腾讯靠着这种“模仿－超越”的方式迅速取得成功。

2. 一直在进步

腾讯并非没有创新，其在客户体验方面的创新一直为用户所称道。以 QQ 邮箱为例，它甚至可以一起接收其他邮箱的邮件。

腾讯的创新可以分为三个层次：技术创新、产品创新和应用创新，产品和应用层面的创新比较容易被人忽略。几乎腾讯的每款产品都能找出市场上其他同类产品所没有的优点。

而腾讯更为狡猾的创新则在“货币化”！在摩根士丹利发布的“互联网趋势”的报告中，多次都提到了腾讯，原因就在于，腾讯在“虚拟物品销售和管理”方面取得了巨大成功。数据显示，通过虚拟物品，腾讯在 2009 年赚取了高达 14 亿美元的销售额。

毫无疑问，腾讯在前进。在人流如织、繁华热闹的华强北的一座大楼上，有这样一条标语：“创意就是金钱、创新就是生命”！

创新经营：从创新中心到腾讯研究院

1. 创新中心

腾讯公司注重创新，在创新这方面做出了很大的努力！腾讯创新中心（以下简称“创新中心”），是整个公司里一个特殊的部门，他们每年都会推出创新大赛。

腾讯认为，创新不是创新中心的独角戏，而应该是智慧的碰撞。创新中心成立后，腾讯建立了对公司内部的创新平台——idea. qq. com，主要用来收集员工的创意，员工还可以在内部 BBS（网络论坛）上讨论创新点子；为了加强与外部的沟通，还推出了腾讯实验室，把该中心的创意产品放到平台上，供用户试用，收集用户对产品的意见和创意。

在这里，每一个创意的火花都会受到重视。在腾讯人看来，一切有形的财产都是可以创造的，唯有员工的创意，失去了就永远找不回来了。

从 2006 年起，腾讯还推出了面向全国高校大学生的年度腾讯创新大赛（简称“TIC”），如今已经连续举办了好几届，参与的高校和学生的范围也逐年扩大。优胜者还会被获邀至深圳参加腾讯夏令营。虽然高校大学生的创新作品也许还很稚嫩，可是腾讯人却非常看重。

2. 腾讯研究院

2007 年，腾讯公司投资过亿元在北京、上海和深圳三地同步设立了腾讯研究院，进行互联网核心基础技术的自主研发。这是中国互联网企业的首家研究院，马化腾还亲自制定了腾讯研究院的文化：强调团队合作及与高校之间的广泛合作，强调研究实用的基础技术，强调学习、探究的科研精神，强调技术和产品应用的创新。

从 2007 年成立到 2012 年这 5 年间，腾讯研究院招聘了 1000 多人，可是人手还是不够用。原因很简单，作为腾讯未来产品的“孵化器”，研究院里的某个项目一旦获得认可，就会从研究院剥离出来，大量的研发人员会随着项目进入各个产品事业部。

具体来说，腾讯研究院有三个明确的战略方向：

定位于研发未来 25 年内的互联网实用基础技术，提升下一代互联网服务；

与一流科研机构紧密合作，共同推进技术进步；

引进和培养互联网高级科研技术人才。

但归根结底，腾讯研究院做的，其实是与 Google 类似的混合式研究，要尽可能地模糊研究和产品开发之间的界限，让研发成果与主营业务尽可能联系起来。

（1）积极进行数据的挖掘

过去，数据散落在腾讯各部门自己的数据分析中心，没有集中。研究院的数据分析研究室建立起了统一平台，汇集起了所有的数据，进行了总体的分析和运营。比如，腾讯电子商务平台拍拍的团队能通过数据分析研究室，了解用户在腾讯新闻上关注哪些东西、最近都搜索什么关键词等，从中掌握用户兴趣，等用户来拍拍购物时，就能为其推荐相关产品。

（2）孵化腾讯的“未来产品”

QQ 浏览器、QQ 影音、QQ 输入法、搜搜地图街景等许多成功产品都是从腾讯研究院孵化出来的，在 PC 桌面争夺战中，这些产品都发挥了重要的作用。研究院研发出来的技术，也大多都被用在了微信、搜搜等产品上，比如，其手机浏览器的核心技术已融入无线业务系统各个产品里。当用户使用手机 QQ 时，点击 QQ 上的图标可以直接切换到 QQ 空间和腾讯网。

另外，研究院还是腾讯的人才培训基地，先后有 500 多名工程师随孵化的产品离开研究院进入各产品线。2011 年被孵化出去的 SOSO（搜搜）地图街景项目，就已经从最初的十几个人的街景小组，孵化成了一个几百人的独立部门。

第五章　阿里巴巴——有了周密的谋略才能赢

免费使用：给商家免费的产品展示空间、电子邮件、供求信息

为了抢占市场，阿里巴巴成立之初，采用了免费政策，主要为会员提供免费注册与免费获取信息的服务，客户数量到达一定规模后才开始收取会员费。

诚信通会员会费每年人民币 2800 元/美元 365 元，“中国供应商”会员会费每年 4 万～20 万元人民币，其主要收入来源于中国供应商和诚信通会员费。

淘宝网和支付宝成立初期，为了培养市场，同样采取免费策略，到目前为止，淘宝网还在提供免费服务。而支付宝在成功培育市场之后，从 2007 年开始，对淘宝、阿里巴巴以外的交易，会收取一定比例的技术服务费。

合作共赢：只有产业链，没有企业

1999 年，马云和几个创业伙伴在杭州创建了阿里巴巴，没用 10 年时间便先后创建了淘宝网、支付宝、阿里妈妈、阿里巴巴软件、口碑网。现在，

阿里巴巴已经是中国最大的电子商务企业。其主要为中小企业提供服务，积极帮助中小企业赚钱。这一运作模式，使得阿里巴巴增加了更多的用户群体。

现在，中小企业非常多，并且需要帮助的中小企业也很多。打开阿里巴巴的页面，就可以看到很多帮助途径，比如：帮助中小企业找合作公司，找加工公司、帮助批发进货等；除此外，还可以帮助推广公司、发布商品信息等。阿里巴巴甚至还专门为中小企业的营销、推广等方面聘请了专家，进行视频教程。

阿里巴巴的一个产业链，由七个公司组成。

1. 诚信通

诚信通，这项服务主要为中小企业进行贸易往来提供方便，可以用作公司推广。通过诚信通，中小企业可以与更多的公司进行交流，扩大自身的渠道，增加自己的销售额。阿里巴巴贷款服务是阿里用心打造的一款服务，缺少资金的中小企业不用任何抵押就可以获得低利息的贷款，有利于中小企业的进一步发展壮大。中小企业通常都缺乏一些有效的资源，阿里巴巴瞄准了这一特点，对自己进行了不错的定位。

2. 淘宝网

这里的淘宝网并不是开始创建的那个淘宝网，现在的淘宝网包括了 C2C 的淘宝网店和 B2C 的淘宝商城。自 2003 年创办以来，淘宝网一直都是以 C2C 为主的网上商品买卖网站。淘宝网覆盖了中国绝大部分网购人群。目前淘宝网的注册用户每天都在增加，每天的交易额还在不断地增长着。

3. 支付宝

支付宝公司从 2004 年建立开始，始终以“信任”作为产品和服务的核心。不仅从产品上确保了用户在线支付的安全，同时还让用户通过支付宝在网络间建立起了相互的信任，为建立纯净的互联网环境迈出了非常有意义的一步。

支付宝致力于为电子商务提供“简单、安全、快速”的在线支付解决方案，经过几年的发展，用户已经覆盖了整个 C2C（个人与个人之间的电子商务）、B2C（商家对客户）和 B2B 领域。目前使用支付宝的用户也在不断增加。

4. 中国雅虎

2005 年 8 月 11 日，雅虎公司宣布，与阿里巴巴（中国）网络技术有限公司达成战略联盟关系，雅虎出资 10 亿美元成为阿里巴巴公司的股东之一。通过此次战略联盟，阿里巴巴公司不仅获得了雅虎公司全球领先的搜索技术平台支持，还获得了强大的产品研发保障。这一战略合作使得阿里巴巴的势力更加壮大。

5. 口碑网

自 2004 年 6 月成立以来，一直致力于做百姓的生活好向导，2006 年 10 月阿里巴巴集团正式投资口碑网。本地生活搜索是口碑网提供给用户的重要服务功能，口碑网的两大行业频道（餐饮休闲、房产交易）都在同类网站中居首位，这就为居家生活的各个方面提供了一个指引平台。

6. 阿里妈妈

2007 成立的广告联盟。阿里妈妈首次引入离开“广告是商品”的概念，广告第一次作为商品呈现在交易市场里，买家和卖家都能清清楚楚地看到。为了更好地帮助站长拥有稳定的收益，之后阿里妈妈又推出了“三包”服务。

7. 阿里巴巴软件

成立于2007年，主要为中国4000多万中小企业提供买得起、用得上、用得爽的在线软件服务。阿里巴巴软件拥有全球一流的服务器系统、数据库系统、数据存储备份系统、网络运行安全系统等，为用户发现问题、解决问题、保证安全提供了产品各项功能。

诚信通：解决商家之间的信任问题

诚信通是建立在阿里巴巴上的一个摊位，通过这个摊位可以直接销售企业产品、宣传企业和产品；其是专门为发展中企业量身定制的，可以为他们提供强大的服务，可以用来解决网络贸易的信用问题。

诚信通会员，不仅可以随时查看阿里巴巴网上买家发布的求购信息和联系方式，还享有顶级域名、无限空间展示、20G企业邮箱、企业在线一体的网站等；同时，会员如果在阿里巴巴网上交易平台发布买卖信息，也会排在普通会员之前，可以获得权威第三方认证机构核实资质，独享诚信标志，并拥有自己的网上信用档案。

概括起来，诚信通主要有这样一些功能：

1. 网上商铺

诚信通主要是为卖家开展网络营销，卖家可以在这里发布产品图片和买卖信息，充分利用网络营销产品；同时，还在阿里巴巴大市场享有各项优先权：

信息排名靠前——独享买家信息，免费使用在线联系和客户管理工具等；

强大品牌——全球最大的网上贸易市场；

海量买家——阿里巴巴注册买家 487 万，采购信息每两小时更新一次，仅对诚信通会员开放；

超值效果——每月新增询盘 343 万，诚信通会员每发布 1 条信息，平均可以收到 6 ~ 7 条买家反馈！

阿里巴巴大市场还能够为卖家降低交易成本，增加销售渠道，拓展客户群；培养网络贸易经验，为以后的电子商务打好基础。

2. 资质认证

（1）企业身份确认买家放心

企业身份通过第三方独立机构确认，企业交易信用会被长期记载和积累下来，在竞争中享有优势。调查显示：85% 的买家和 92% 的卖家，都会优先选择与诚信通会员做生意！

（2）企业身份认证说明

企业身份认证是指，企业身份认证机构对“被企业身份认证公司是否合法存在”以及“企业身份认证申请人是否属于被身份认证公司”的查证。企业身份认证的信息包括：公司注册名称、公司注册地址、申请人姓名、申请人所在部门、申请人职位等。

与阿里巴巴合作的第三方独立机构目前包括：华夏、上海杰胜、澳美咨询等。

（3）诚信通优势

诚信认证标志和普通会员在身份上有着明显的区分，是买家的信赖与首选，可以让卖家优先获得更多订单。

（4）诚信通标志

诚信通指数首先会被客户看到，拥有极高的诚信通指数，会让会员的信息优先排序，方便客户更快找到你。企业还可以通过身份认证、证书及荣誉、资信参考人、阿里巴巴活动记录、会员评价等展示自己的诚信，让客户信任你。

3. 安全交易

支付宝是诚信通支持安全交易的网上商铺，可以使用支付宝安全支付，交易中货和款都安全！同时，诚信通会员还享受支付宝全额赔付服务承诺。目前，支付宝用户数已经超过 1000 万，实践证明，支付宝“安全、简单、快速”，适合商人使用！

诚信通会员，买卖交易可以使用支付宝安全交易，支付宝是阿里巴巴推出的一款在线安全支付工具。交易中，货和款都安全，同时兼顾了两个方面：买家货到了才付款，卖家款到了才发货。

4. 网上服务

网上服务的主要内容包括：

独一无二的 A&V（身份）认证，拥有诚信通档案，可以赢得买家信任；

拥有诚信通的企业商铺，可以让产品得到热销；

提供强大的查看功能，独享大量买家信息，增加订单量；

发布商业信息，优先排序，获得买家的关注；

管理信息，方便查看和管理。

5. 线下服务

线下服务主要包括：

展会：用户足不出户就可以参加全国商展，推广企业和产品；

采购洽谈会：用户可以直接与国内外世界级大买家做生意；

培训会：会员彼此之间可以交流网上贸易技巧，分享成功经验；

交流："以商会友"社区，为企业提供最热的行业资讯和讨论；

专业服务：服务人员为客户提供365天×8小时专业咨询服务。

"中国供应商服务"：深化对中小企业的增值服务

阿里巴巴是中国最大的网络公司和世界第二大网络公司，是由马云在1999年一手创立的企业对企业的网上贸易市场平台。阿里巴巴在香港成立公司总部，在中国杭州成立中国总部，并在海外设立美国硅谷、伦敦等分支机构、合资企业3家，在中国超过40个城市设有销售中心。中国供应商网站推出后，不仅获得了人民网、新华网、央视网等大型媒体及官方网站的大力协助；还得到了新浪、搜狐、网易、腾讯等各大搜索引擎的一致支持。

1. 阿里巴巴中国供应商服务（线上推广）

阿里中国供应商服务的线上推广，主要为用户提供了以下内容。

①个性化企业商务网站：网站上，一共有14项基本栏目，可以全方位展示企业信息。

②企业形象展示：企业可以直接在网站上展示自己的规模与实力，让买家在线看厂房、生产线、办公室、样品间等，提高买家的认知度，增加买家的信心。

③橱窗产品：阿里会对主打产品、拳头产品进行重点推广，增加企业的曝光量。

④数据管家：网站不仅会对企业的全程操作进行记录，还会量化推广效

果，让用户知道自己的投入和回报。

⑤买家 IP（网协）定位：企业可以轻松掌握询盘来源，便于判断和筛选买家。

⑥企业邮箱：满足了企业系统化管理需求，可以有效帮助保存客户数据。

⑦国际顶级域名。

⑧第三方权威认证：可以为企业出具诚信档案，消除买家的疑虑。

⑨后台管理工具 2010 新增功能。

- 翻译直通车：能在线即时翻译，询盘机器翻译，产品人工翻译，实现轻松沟通。
- 美国 888 电话：美国买家可以免费拨打，有利于业务的拓展。
- 铲平多彩秀：主要用来展示图片，通过必要的文本和表格编辑，凸显产品卖点。
- 电子传真：可以随时随地收发传真，尽享移动办公的乐趣，高效经济环保。

⑩外贸百宝箱：通过这一方式，用户不仅可以实时掌握汇率、退税等资讯，还可以对快递信息进行动态跟踪；更能全面掌握买家的商务习俗。

2. 线下推广

中国供应商服务的线下推广，主要为用户提供了这样一些内容：

①国际展会推广：如，2010 国际消费电子产品展。

②卖家活动推广：如，大买家采购通用电气采购洽谈会。

③海外媒体推广：如，户外广告—香港推广系列、户外广告—法兰克福推广系列。

④媒体推广：海外电视广告，如，爱婷商务平台推广。

战略高于经营——探索独特的模式，可以走得更远

阿里巴巴网站的目标是建立全球最大的最活跃的网上贸易市场，让天下没有难做的生意。从一开始创建，阿里巴巴便明确了自己的商业模式。

阿里巴巴从纯粹的商业模式出发，与大量的风险资本和商业合作伙伴相关联，构成了网上贸易市场，探索出了一条适合自己的商业模式。概括起来，其运营模式之所以会取得成功，主要有以下几个原因。

1. 专做信息流，汇集大量的市场供求信息

马云在阿里巴巴广交会期间主办的电子商务研讨会上阐述了以下观点：

中国电子商务将经历三个阶段：信息流、资金流和物流阶段，目前还停留在信息流阶段。交易平台在技术上虽然不难，但没有人使用，企业对在线交易基本上还没有需求，因此做在线交易意义不大。阿里巴巴最人的特点就是，做今天能做到的事，循序渐进发展电子商务。

阿里巴巴在充分调研企业需求的基础上，将企业登录汇集的信息进行整合分类，形成了网站独具特色的栏目，企业用户可以获得有效的信息和服务。

阿里巴巴主要信息服务栏目包括：

①商业机会：这里共有27个行业700多个产品分类的商业机会供查阅，可以提供大约50万个供求信息。

②产品展示：按产品，分类陈列阿里巴巴会员的各类图文并茂的产品信息库。

③公司全库：公司网站大全，目前已经汇集4万多家公司网页。用户可

以通过搜索寻找贸易伙伴，了解公司的详细资讯。会员也可以免费加入到阿里巴巴“公司全库”中，链接到公司全库的相关类目中。

④行业资讯：按各种行业分类发布最新动态信息，会员可以分类订阅最新信息，直接通过电子邮件接受。

⑤价格行情：按行业提供企业最新报价和市场价格动态信息。

⑥以商会友：是一个商人俱乐部。在这里，会员可以自由交流行业见解。

⑦商业服务：主要提供航运、外币转换、信用调查、保险、税务、贸易代理等咨询和服务。

2. 阿里巴巴采用本土化的网站建设方式

阿里巴巴采用本土化的网站建设方式，采用各个国家当地的语言，简易可读，具有便利性和亲和力，将各国市场有机地融为一体。如今，阿里巴巴已经建立运作了四个相互关联的网站：

英文的国际网站——主要为全球商人提供专业服务；

简体中文的中国网站——主要为中国大陆市场提供服务；

全球性的繁体中文网站——主要为中国台湾、中国香港、东南亚及遍及全球的华商提供服务；

韩文的韩国网站——主要针对韩文用户提供服务。

这些网站相互链接，内容相互交融，为会员提供了一个整合一体的国际贸易平台，汇集了全球 178 个国家（地区）的商业信息和个性化的商人社区。

3. 网站放低会员准入门槛

在起步阶段，网站放低会员准入门槛，以免费会员制吸引企业登录平台注册用户，会员在浏览信息的同时也带来了源源不断的信息流，创造了无限商机。

截至 2014 年 11 月 30 日，阿里巴巴对外宣布：其中国站（ www. 1688. com）注册会员数量突破 5000 万个。

阿里巴巴会员多数为中小企业，免费会员制是吸引中小企业的最主要手段。在市场竞争日趋复杂激烈的情况下，中小企业自然不会错过这个成本低廉的机遇，都会利用网上市场抓住企业商机。大大小小的企业活跃于网上市场，为阿里巴巴带来了各类供需，壮大了网上交易平台。

4. 增值服务为会员提供了优越的市场服务

阿里巴巴通过增值服务为会员提供了优越的市场服务，增值服务不仅加强了网上交易市场的服务项目功能，又使网站有多种方式实现直接赢利。

尽管目前阿里巴巴不向会员收费，但阿里巴巴网站目前是赢利的。阿里巴巴的赢利栏目主要是：中国供应商、委托设计公司网站、网上推广项目和诚信通，如下表所示。

阿里巴巴的赢利栏目表

栏目	说明
中国供应商	通过阿里巴巴的交易信息平台，给中国的商家提供来自国际买家的特别询盘
委托设计公司网站	客户可以委托阿里巴巴作一次性的投资建设公司网站，帮助企业建立拥有独立域名网站，并且与阿里巴巴链接
网上推广项目	由邮件广告、旗帜广告、文字链接和模块广告组成。其中，邮件广告是在网站每天向商人发送的最新商情特快邮件中插播商家广告；文字链接则会将广告置于文字链接中
诚信通项目	能帮助用户了解潜在客户的资信状况，找到真正的网上贸易伙伴；进行权威资信机构的认证，确认会员公司的合法性和联络人的业务身份；展现公司的证书和荣誉，用业务伙伴的好评成为公司实力的最好证明

5. 成功的市场运作

阿里巴巴与日本互联网投资公司软库结盟，请软库公司首席执行官、亚洲首富孙正义担任阿里巴巴的首席顾问，请世界贸易组织前任总干事、现任高盛国际集团主席兼总裁彼得·萨瑟兰担任阿里巴巴的特别顾问。

通过各类成功的宣传运作，阿里巴巴多次被选为全球最佳 B2B 站点之一。2000 年 10 月，阿里巴巴荣获 21 世纪首届中国百佳品牌网站评选“最佳贸易网”。阿里巴巴凭借其可行的、具有说服力的商业模式在快速增长的电子商务市场中一路领先，成功地缔造了自己的网上交易市场。

组织架构：控股子公司的管理体制

控股子公司是指，公司出资或股份的 50% 以上被另一家公司所控制，但未达到 100%。公司依据国家相关法律法规和规范性文件对上市公司规范化运作以及上市公司资产控制的要求，以控股股东或实际控制人的身份行使重大事项监督管理权，对投资企业依法享有投资收益、重大事项决策的权利。同时，负有对控股子公司指导、监督和相关服务的义务。

阿里巴巴集团 2012 年 12 月 9 日宣布，与海尔集团达成战略合作，联手打造全新的家电及大件商品的物流配送、安装服务等体系及标准。本次战略合作中，阿里巴巴集团对控股子公司海尔电器进行总额为 28. 22 亿港元的投资。

其中，阿里巴巴对海尔电器旗下日日顺物流投资 18. 57 亿港元，设立了合资公司，包括：认购日日顺物流 9. 9% 的股权，金额是 5. 41 亿港元；认购海尔电器发行的 13. 16 亿港元的可转换债券，未来可转换成日日顺物流 24. 1% 的股份。此外，阿里巴巴还以认购新股的方式对海尔电器投资 9. 65 亿港元，投资后获得海尔电器2%的股份。

本次战略合作后，双方将各自投入优势资源，利用海尔集团在物流及服务上的运营经验和阿里巴巴在互联网电子商务、数据及信息领域的领先优势，通过新设立的日日顺物流合资公司，建立行业端到端大件物流服务标准，打造了覆盖各级市场的领先的家电、大件物品的物流服务网络。

第六章　百度——兵种越纯越有利

竞价排名运作模式

1. 百度竞价的排名规则

（1）关键词排位是怎么决定的

百度竞价的排位顺序与用户的出价和关键词质量度密切相关。在相同质量度下，谁的出价高，谁就排位更高；在相同出价下，谁的质量度高，谁的排位就越高；竞争相同位置，质量度越高的用户，所需要出的价格越低。

（2）关键词的出价是否就等于实际点击价格

关键词的出价，不等于单个关键词的点击价格。单个关键词的点击价格，是由用户的出价与下一位竞争对手的出价共同决定的。一般来说，往往会低于用户的出价。

（3）关键词的质量度是怎样分的

百度的竞价关键词质量度评估分为：一星词、二星词、三星词。其实，即使是同样的星级，质量度高低方面，还是有一定差别的。

（4）哪些因素决定关键词的质量度

影响关键词质量度的因素主要有：标题、描述、链接文章、关键词的点击率、账户等。

（5）能不能精确地控制关键词的质量度

不能！百度并没有明确公布关键词质量度的计算公式，在创建账户时，只能尽量符合百度的一些模糊要求，如，标题、描述通顺、文章内容与关键词关联度高等，并不能保证所有的关键词都上三星。

2. 百度竞价的关键词

（1）百度竞价的关键词如何选择

根据所属行业的不同，关键词也不相同，不能一概而论。拿医疗行业来说，治疗词比症状词的转化率更高，而竞争也最激烈；而症状词带来的流量比治疗词多，转化率却较低一些。

（2）如何收集百度竞价的关键词

如果是新开账户，且没有其他关键词来源，就可以先通过百度客服拿到一批行业通用的关键词，用以支撑其账户。在后期的维护中，百度竞价后台的关键词工具可以提供一大批热点和长尾关键词；另外，如果网站搜索引擎优化做得还不错，仔细分析统计后台数据，也能得到一大批关键词。

（3）百度竞价关键词的匹配方式有哪些

百度竞价关键词的匹配分为三种方式：精确匹配、短语匹配、广泛匹配。

精确：只有当访客完整搜索该关键词时才匹配展示。

短语：当访客搜索时，搜索内容完全等于或完整包含该关键词时，匹配展现该关键词。

广泛：当访客搜索时，搜索内容包含该关键词的一部分时，有可能匹配展现该关键词。

在关键词匹配中，精确是优先级最高的，当该关键词存在时，会优先展现该关键词本身，而不会用其他关键词来广泛匹配该关键词。

（4）百度竞价关键词采用哪种匹配方式

行业不同，预算不同，采用的匹配方式也不同。一般来说，精确匹配是最省钱的，可是会错失一部分搜索长尾关键词的访客；而广泛匹配又会带来大量无效访问，浪费广告费用。

其实，对于小型账户，可以使用广泛匹配。可是，竞价人员一定要使用网站统计工具，查找每天的搜索关键词，及时利用百度竞价的否定工具，及时否定无效关键词的匹配。

对于大型账户，只有使用精确、短语、广泛混搭配合使用的方式，才能达到性价比最高的竞价投放效果。

（5）用来设置为广泛匹配的关键词该如何选择

首先要知道，设置为短语和广泛匹配的关键词，匹配上其他的关键词被点击后，点击价格和质量度是按照关键词本身的出价来计算的，所以，如果所选择的关键词本身出价过高或质量度过低，是不利于用来做长尾关键词匹配的。

（6）如何维护百度竞价的关键词

①在一定程度上，关键词的质量度决定着关键词的排位。一般情况下，质量度一星的关键词，无论出价多高，是不能抢占到左侧和置顶的竞价展现位的，只能在右侧展现。而右侧展示位的效果是最差的，所以，当账户中出现一星词时，必须针对一星词作出调整，使其达到二星词及以上，或者，干脆删除该一星词，改由其他三星词来广泛匹配该关键词，使其达到左侧或置顶推广位。

②对于中大型账户来说，几万个关键词不可能面面俱到兼顾到每一个关键词的价格。整个账户的消费和点击多少，实际上是由消费和点击最多的5%～10%的关键词来决定的，只要控制好这一批关键词的出价排名，每天的消费价格、大概的流量也都能被掌握，所以，即使人力资源不是很充分，

但维护好消费点击排名前5%～10%的关键词，是必须要做到的。

（7）百度竞价的关键词该如何分组

从理论上说，针对每个不同的关键词，逐个设置其标题、描述、链接文章，对关键词的质量度和转化来说是最好的。可是，在实际操作中，不可能针对几万个关键词一一操作，因此需要对关键词合理分组。

关键词分组的方法没有既定的规则，每个行业、每个人的情况不同，习惯不同，分组的方法也不一样，但有几点还是可以达成共识的：

①百度竞价描述中，关键词分组时同一组的关键词字数相差不能过大，如果字数相差过大会浪费关键词的字数空间。

②关键词分组要考虑到你所准备的竞价文章，同一组的关键词必须是能够链接到同一篇竞价文章。为了方便关键词描述的编写，同一组的关键词最好词性相近，关键词结构最好相似。

3. 百度竞价标题描述的设定

（1）百度竞价的标题描述重要性

百度竞价的标题描述是竞价展示的关键，不单单是写给搜索的访客看，也要写给搜索引擎看，给访客看，因此需要有说服力，有吸引度，能够吸引访客点击。

（2）百度竞价的标题描述与关键词质量度的关系

如果想尽量提高关键词的质量度，在编写标题和描述编写的时候，有以下几点是要注意的：

①标题描述中合理地加入通配符，标题、描述一、描述二中，按照关键词的长短，最少保证每段有一个或者一个以上的通配符。

②标题描述与所在组的关键词必须联系紧密，结合通配符后，语句通顺流畅，没有错别字。

③标题描述的内容，最好与所链接的文章页内容有关，或者说是文章页内容的概括总结。

④在标题描述中，不要出现电话号码、联系方式等内容。

⑤不要大量使用最好、第一、痊愈等带有夸大性的词语。

百度推广

百度推广是百度国内首创的一种按效果付费的网络推广方式，简单便捷的网页操作即可给企业带来大量潜在客户，有效提升企业知名度及销售额。每天有超过 1 亿人次在百度查找信息，企业在百度注册与产品相关的关键词后，就会被主动查找这些产品的潜在客户找到。

1. 百度推广具备的独特优势

每天有20 万企业在使用百度推广进行网络推广，因为百度推广具备如下独特优势。

（1）全球最大中文搜索引擎，覆盖面广

全球最大中文搜索引擎，每天有超过 6000 万人次访问百度或查询信息，是使用量最大的中文搜索引擎。研究表明，百度成为网民最常使用的和最受欢迎的中文搜索引擎。

（2）按效果付费，获得新客户平均成本最低，投资回报高

百度推广是按照给企业带来潜在新客户的访问量计费，企业可以根据自己的需要，灵活控制推广力度和投入，使企业的网络推广投入获得最大的回报。

（3）针对性强，帮企业找到潜在目标客户

百度推广让企业注册有针对性的“产品关键字”，即企业产品或服

务的具体名称，使企业产品网页出现在相应搜索结果最靠前的位置，让真正对企业产品感兴趣的潜在客户直接了解产品或服务信息，更容易达成交易。

（4）全面支持企业全线产品推广

百度推广可以同时注册多个“产品关键字”，数量没有限制，通过注册大量“产品关键字”使得企业的每一种产品都有机会被潜在客户发现。

（5）专业服务团队，全程贴心服务

业界最大的专业客户服务中心，为用户提供全程跟踪个性化服务，了解你的需求，及时解答客户疑问，确保客户利益得到保证。

2. 推广价格

对于首次开户的客户，需要一次性缴纳5600元，其中5000元是客户预存的推广费用，600元是服务费。

开通服务后，客户自助选择关键词设计投放计划，当搜索用户点击客户的推广信息查看详细信息时，会从预存推广费中收取一次点击的费用，每次点击的价格由客户根据自己的实际推广需求自主决定，客户可以通过调整投放预算的方式自主控制推广花费。

当账户中预存推广费用完后，客户可以根据情况进行续费。

3. 计费方式

点击价格取决于你和其他客户该关键词的排名、出价和质量度，最高不会超过你为关键词所设定的出价。

如果你的关键词排在所有推广结果的最后一名，或是唯一一个可以展现的推广结果，则点击价格为该关键词的最低展现价格。质量度越高，该关键词的最低展现价格就相对越低。

请注意：

①在这一计费方式下，关键词的点击价格肯定不会超过你自己设定的出价。

②在同一排名上，质量度越高，你需要支付的点击价格就越低，建议你不断优化质量度以降低推广费用，提升投资回报率。

③竞争环境随时可能发生变化，即使你的出价不变，同一关键词在不同时刻的点击价格也可能不同。

第三部分 赢利模式之战

第七章　腾讯——确立自己的优势方能杀出重围

游戏收入

网络游戏是现在互联网赢利的一个重要版块，腾讯自然不会放过。各种网络游戏开发研究上市，一气呵成，腾讯占领了市场上的重要领域，赚取了可观的业绩。

2015 年 3 月 18 日，腾讯公布了截至 2014 年 12 月 31 日未经审核的第四季度综合财报及经审核的全年综合财报：腾讯 2014 年营收 789. 32 亿元，同比增长 31%；净利润 242. 24 亿元，同比增长 43%。

其中，腾讯透露，2014 年该公司网络游戏获得强劲增长，主要归功于推出新游戏的增长带来的 2014 年收入的增长，以及《英雄联盟》的用户及收入大增。2014 年第四季度，腾讯网络游戏收入增长 41%，至人民币 119. 64 亿元，平均每日收入高达 1. 3 亿元。

1. 2014 年全年业绩摘要

总收入为人民币 789. 32 亿元（128. 99 亿美元），比 2013 年同期增长 31%。

经营赢利为人民币 305.42 亿元（49.91 亿美元），比 2013 年同期增长 59%；经营利润率由 2013 年同期的 32% 升至 39%。

期内赢利为人民币 238.88 亿元（39.04 亿美元），比 2013 年同期增长 53%，净利率由 2013 年同期的 26% 升至 30%。

公司权益持有人应占赢利为人民币 238.10 亿元（38.91 亿美元），比 2013 年同期增长 54%。

每股基本赢利为人民币 2.579 元，每股摊薄赢利为人民币 2.545 元。

2. 2014 年第四季度业绩摘要

总收入为人民币 209.78 亿元（34.28 亿美元），比 2013 年同期增长 24%。

经营赢利为人民币 73.94 亿元（12.08 亿美元），比 2013 年同期增长 56%；经营利润率由 2013 年同期的 28% 升至 35%。

期内赢利为人民币 59.54 亿元（9.73 亿美元），比 2013 年同期增长 51%；净利率由 2013 年同期的 23% 升至 28%。

公司权益持有人应占赢利为人民币 58.60 亿元（9.58 亿美元），比 2013 年同期增长 50%。

每股基本赢利为人民币 0.632 元，每股摊薄赢利为人民币 0.625 元。

3. 2014 年第四季度财务分析

（1）增值服务

2014 年第四季度腾讯增值服务业务的收入较 2013 年第四季增长了 44%，至 2014 年第四季的人民币为 171.37 亿元；网络游戏收入增长 41%，至人民币 119.64 亿元。该项增加主要受 QQ 手机版及微信上智能手机游戏收入大幅增长所推动，主要反映了公司的用户群扩大、游戏组合更加丰富。

PC（个人计算机）游戏收入也有所增加。社交网络收入增长50%，至人民币51.73亿元。该项增加主要受移动平台游戏内按条销售额增加以及公司从超级会员、QQ空间及数字内容订购服务所得的订购收入所推动。如果2013年第四季智能手机游戏收入采用总额确认，则2014年第四季公司增值服务业务、网络游戏和社交网络的收入将分别增长42%、39%和48%。

（2）网络广告

腾讯网络广告业务的收入较2013年第四季增长75%，至2014年第四季的人民币为26.27亿元。该项增加主要受观看用户数增加使得视频广告收入增长以及由于QQ空间手机版及微信公众账号所推动，可以让移动社交网络效果广告收入增加。

（3）电子商务交易

腾讯电子商务交易业务的收入较2013年第四季下降87%，至2014年第四季的人民币4.46亿元。该项减少主要反映于2014年3月公司与京东进行战略合作后将流量转移至京东，以及公司的易迅业务由自营重新定位为交易平台，导致电子商务自营业务的收入下滑。

4. 策略摘要

为了有效提升用户的线上和线下生活体验，腾讯将用户与内容、服务和硬件连接起来。凭借公司的核心通信及社交平台、微信与QQ手机版，腾讯在培育健康的移动生态系统方面取得巨大进步，为用户提供了丰富的产品和服务，充分利用了腾讯在统一登录、用户社交关系链、多平台市场推广能力、基础设施能力、支付解决方案和对用户需求的洞察方面的优势。

在2014年，通过智能手机游戏及社交网络效果广告，腾讯初步推进了移动互联网业务的变现能力。公司在文学、音乐和视频服务等业务上做出大量投资，流量大幅增长。凭借公司的理财平台的推出和关联银行微众银行的成立，公司大幅扩大了移动支付平台的用户群并探索互联网金融的业务机会。

为了支持内部发展措施，腾讯与京东进行战略交易，重新定位公司的电子商务业务；同时，通过向行业领袖进行战略投资及合作，持续丰富了公司的O2O生态系统。

在资产负债表管理上，腾讯于2014年4月设立了50亿美元全球中期票据计划，之后多次发行高级票据。2015年2月底，发行的票据本金总额为49亿美元。

5. 增值服务

在社交网络方面，腾讯的业务主要得益于以下几个方面：游戏内按条销售的大幅增长，公司提升QQ会员、超级会员及QQ空间订购服务的移动特权，手机用户体验带来的更高的包月服务收入。同时，腾讯还为文学、音乐和视频订购服务引进了更多精彩内容。

（1）网络游戏

在网络游戏方面，腾讯在中国市场的领先地位由PC扩大至移动端。

就PC游戏来说，主要游戏和推出新游戏的增长带来了2014年收入的增长。《英雄联盟》的用户和收入大幅增长，业绩强劲。

就移动游戏来说，腾讯于2014年实现了强劲收入增长，成为中国最大的发行平台和全球领先的发行商之一。2014年内，腾讯的智能手机游戏组合实现多元化，由休闲游戏延伸到中度游戏和由自行开发到代理游戏，为用户提供了更丰富的选择。

（2）网络广告

2014年，腾讯的品牌展示广告和效果展示广告都取得了收入的增长。由于视频播放量大幅增长，包括来自《中国好声音》第三季和国际足联世界杯所产生的流量，使公司在 QQ 空间手机版及微信公众号的移动广告方面取得巨大进步。

（3）电子商务交易

2014 年 3 月腾讯与京东进行战略交易，公司的电子商务交易业务进行了战略转型。将流量转移至京东，使腾讯的电子商务收入、成本和亏损大幅减少。

6. 2015 年策略

2015 年，除了发展现行业务，腾讯还发展了日益充满活力的移动生态系统，把公司本身及合伙伙伴的产品和服务带给了中国的消费者。发展该生态系统的策略包括：

①与各个垂直行业领域的现有及潜在战略伙伴合作，为用户带来更好的 O2O 和交易服务。

②与主要内容提供商合作，例如：网络文学作家、HBO（电视网）、NBA（美国职业篮球联赛）、索尼音乐、华纳音乐和 YG 娱乐公司等，开发公司的数字内容业务。

③通过增加更多移动广告存货、优化广告投放工具，以及扩大广告客户基础，推动腾讯的效果广告业务。

④通过丰富支付场景使腾讯的支付服务更受欢迎。

互联网增值服务

基于腾讯公司的核心服务——即时通讯平台，腾讯设计了一些互联网增值业务，可以为 QQ 用户提供更加丰富多彩的个性化增值服务，主要服务包括：电子邮箱、会员特权、网络虚拟形象、个人空间网络社区、网络音乐、交友、游戏等。

互联网增值服务主要以网络社区为基础平台，通过用户之间的沟通和互动，可以激发用户自我表现和娱乐的需求，给用户提供各类个性化增值服务和虚拟物品消费服务。腾讯 QQ 拥有庞大的互联网活跃用户群，每月活跃用户数超过 5000 万。

腾讯的互联网增值业务包括以下一些内容。

1. QQ 空间

（1）产品介绍。腾讯的 QQ 空间，以多媒体为最主要表现形式，主要为用户提供抒发情感、内容分享交流、与朋友互动等多维度服务，与访问量极大的论坛、聊天室、QQ 群相互协同。

（2）赢利点。空间装扮、好友买卖、开心农场，黏及的玩家的人数持续增长，“开心农场”也为腾讯赢利几千万元。

2. QQ 会员

（1）产品介绍。QQ 会员是腾讯公司旗下高端会员制服务品牌，通过为会员提供手机、客户端、网络在内的增值服务内容。从推出，到 2014 年，腾讯 QQ 注册账户已过 6 亿，QQ 每月活跃用户数超过 5000 万。2010 年 Q4 付费注册账户数为 6570 万。

（2）赢利点。会员每月只要花费 10 元，就可以享受红名靠前、QQ 等级加速、创建 4 个群、超大网络硬盘等多项特权。还赠送等级加速、游戏礼包、电影票等 50 余项 QQ、游戏、生活三大领域特权体验。

3. QQ 秀

（1）产品介绍。QQ 秀是 QQ 虚拟形象装扮系统，是虚拟世界的数字化时尚平台。QQ 用户可以在 QQ 秀商城选择各种主题的虚拟服饰、珠宝首饰、配饰发型、化妆、场景、挂件来装扮你在 QQ 聊天窗口、QQ 聊天室、腾讯社区、QQ 空间等各种服务中显示的虚拟形象，满足用户个性展示。这些虚拟商品需要花费 Q 币来购买，而 Q 币需要人民币来购买。

（2）赢利点。QQ 秀现有的包月服务是红钻，每月交纳 10Q 币；还推出了 3DQQ 秀，不但开通要钱，而且购买 3D 服装要钱，甚至腾讯还开发了一项“3D 秀快照”收费服务。

4. QQ 音乐

（1）产品介绍。QQ 音乐向广大用户在线音乐和本地音乐服务。拥有海量的曲库、流行音乐、专业的分类、空间背景音乐、音乐分享等社区服务。

（2）赢利点。会员每月只要花费 10 元，就会成为绿钻贵族，不仅可以享受 QQ 空间背景音乐免费及 MP3 下载；还可以上传本地音乐，观看高清音乐视频，下载高品质 MP3，吸引广告。

5. QQLive

（1）产品介绍。QQLive 是网络视频互动平台，不仅向广大用户同步直播各大电视台节目，还提供大量高清电影、电视剧、综艺、动漫、体育等点播视频。它采用的是 P2P（对等网络）流媒体技术，观看用户越多视频播放越流畅，支持百万级用户同时在线。

（2）赢利点。引进广告，收费频道。如今，QQLive 已推出收费频道。

6. 校友

（1）产品介绍。校友是为大学生打造的一个真实化生活社区。在这里，每时每刻都可以获得同学、好友、学校以及周边发生的新事物等信息，还能与大家一起玩 QQ 农场、QQ 餐厅等有趣的游戏应用，又能获得实习、兼职、招聘等资讯。

（2）赢利点。引进针对校园这一群体的社区广告，现在暂不求赢利。

7. 城市达人

（1）产品介绍。城市达人是同城同好 SNS 交友娱乐活动社区，可以与好友进行线上互动娱乐活动，如参加头像 PK、同城点歌、在社区发帖和参加同好热点话题讨论等；还可以参加线下同城活动，如户外旅行、听演唱会、一起看电影等。城市达人用户则可以抢先体验腾讯微博产品。

（2）赢利点。植入式广告，是要收费的！

网络广告

打开电脑时，总会有今日最新的要闻跳转出来，那就是腾讯广告的威力。为广大用户提供最新的资讯及新闻，可以很好地了解世界各地的最新状况。同时，网络广告还为各行的企业提供了一个网上宣传的平台，网络普及的时代，网络就是第一宣传力。

2013 年 8 月 14 日，腾讯发布了 2013 年第二财季报告。财报显示，第二季度总收入人民币 143.845 亿元，同比增长 36.6%。其中，网络广告收入增长保持强劲势头，上半年网络广告业务收入达到人民币 21.468 亿元，比去年同期增长 51.2%，第二季度网络广告收入为人民币 12.973 亿元，比上一季度增长 52.7%，比去年同期增长 47.5%。马化腾表示："受益于我们在网络游戏和网络广告业务的市场领导地位，第二季度取得了稳健的财务表现。"

继 2012 年网络广告收入位居行业第一之后，腾讯就开始强势领跑同行业。坐拥 7 亿用户规模，积累了 15 年的大数据所带来的精准洞察力，以及提供客户高效的解决方案成为腾讯营销平台备受认可的三大独特优势。

数字营销在中国已经走过了十年的历程，新十年正在开启，腾讯通过十年积累正在厚积薄发，媒体平台正在释放更大的营销能量。腾讯独具的平台规模、精准洞察以及高效解决方案所带来的合力优势持续受到行业及客户的重视和关注。

在整体财报中，腾讯视频依然强势增长，2013 年第二季度腾讯视频广告收入达到了 2011 年同期约两倍的收入，业绩表现出色。腾讯视频通过“海外优质影视剧 + 国内独播影视剧 + 原创精品栏目”积极打造一站式优质内容平台，不断提升内容优势。到 2013 年 6 月，实现了百部电视剧播放量过亿，覆盖了超过 85% 的年度热门影视内容。

2013 年下半年，腾讯视频开始实现月月有独播，包括《失恋三十三天》《兰陵王》《辣妈正传》等备受瞩目的多部国产大剧。在原创精品栏目方面，腾讯视频原创出品了《爱呀，幸福男女》《大牌驾到》等广受好评的综艺栏目，已经初步形成了“主题脱口秀、社会纪实、娱乐综艺、体育比赛、人物纪实、生活秀”在内的六大类主题自制节目矩阵。

此外，腾讯视频发力自制剧领域，首部大型自制剧《快乐 ELIFE》获得金立集团两千万元冠名支持，成为中国最大规模网络自制剧营销推广合作，从内容生产、制作运营、营销推广等各个环节推动原创自制生态圈的发展与完善。

腾讯视频的营销价值和效果也获得了广告主的进一步认可，卡夫食品、耐克、英特尔等广告主通过腾讯视频创新的“轰炸机”“微频道”“第一帖片”等营销形式取得了显著的营销效果。

2013 年，腾讯视频将在大平台、大资源、大数据、大覆盖等维度继续发力和保持优势，进一步帮助合作伙伴提升品牌曝光率和效果，为广告主提供个性化的营销组合。

除视频外，腾讯还加速布局 RTB（实时竞价）市场，在精准营销上进一步升级，激活社交平台资源，增强变现能力。腾讯在 2013 年 1 月推出的 Ad Exchange（广告实时交易平台），通过人群数据库和实时竞价技术，提高了广告资源的分配效率，为广告主和代理机构优化并提升广告投放 ROI（投资回报率）。5 月召开的“腾讯智慧峰会”上，腾讯启动了“腾果”效果广告投放系统，打通了视频、微博、门户、社交平台以及移动等在内的腾讯平台资源和数据。

基于海量用户群、大数据挖掘以及打通各平台的整合资源优势，腾讯网络媒体平台已经成为中国最具营销价值的在线媒体平台，在精准投放、互动效果及社交分享等方面的优势日益突显。在广告产品布局上，借助基于“个人化”的用户大数据挖掘与深耕，腾讯成功激活了社交网络与视频网站的存量资源，满足了个性化需求。

B2B 平台

1. QQ 商城

QQ 商城是在 2010 年 3 月 22 日由“QQ 会员官方店”升级而来。升级后的 QQ 商城打破了原有限制，将此前只有 QQ 会员才能享受到的低价名牌网购特权向所有 QQ 用户全面开放；QQ 会员的优惠特权也进一步升级，网罗了包括皮尔·卡丹、CK（一个美国时装品牌）、杰克琼斯、雅诗兰黛、迪士尼等近 200 家知名品牌的 QQ 商城，在保证正品低价的同时，具备了完善的售后及赔付服务。

2012 年 3 月 1 日，QQ 商城启动收费举措，收费分为三个部分：诚意保证金（诚保金）、平台使用服务年费、交易使用服务费。其中，诚保金为 2 万元/单店铺，年费为 6000 元/年。而交易技术服务费则是根据成交额的百分比予以收取。

2012年年末，腾讯旗下QQ网购开放平台进行重大调整，将QQ商城中优质卖家整体迁移至QQ网购新平台，加大对外开放合作力度。

2014年，腾讯电商旗下、业态有些重合的QQ网购和QQ商城合二为一，新平台统一以QQ网购的品牌出现，QQ商城平台中的优质商户予以保留。新的QQ网购定位于“精致、有趣”，腾讯电商的招商门槛大幅提高。

2. QQ返利

QQ返利是腾讯推出的一个网购返利服务平台。通过QQ返利网，网购用户可以得到腾讯认证网店服务，不仅可以规避网购中的信用风险，还可以额外获取返利积分，积分可直接兑换腾讯业务、现金等。目前，QQ返利网支持当当网、京东商城、凡客诚品等23家网上商城，更多的网上商城会陆续添加。

QQ返利的操作流程大概如下：

①访问QQ返利并登录QQ号，只要选择QQ返利目前支持的商家，就可以查看该商家的介绍、返积分比率信息和注意事项。

②用户点击商家页面中的“去购物，拿返利”后，QQ返利将弹出新窗口，并跳转至该在线购物网站。

③在线购物网站完成订单后，QQ返利将自动跟踪订单。在30分钟内用户就可以在“我的账户－我的订单”中查找订单是否被正确跟踪。若订单没有被跟踪到，用户可取消该订单，再按正常步骤重新下单。

④如果不发生意外，在60天内就可以收到QQ返利的积分了。在“积分商城”内，可以使用QQ返利积分兑换腾讯QQ会员、红钻、黄钻和绿钻，或者当积分超过5000时，就可以通过腾讯财付通兑换为现金。

3. 柯蓝钻石

2011 年 6 月 21 日，国内电子商务品牌珂兰钻石完成数千万美元的融资，此次融资就来自腾讯，尽管没有公布具体的投资额度，但按照腾讯之前投资案例风格，这笔投资可能是迄今国内珠宝电子商务行业所获得的最大规模投资。

珂兰钻石 2007 年成立，与腾讯的合作，加快了其发展的速度。据初步估计，公司未来一年的年营业额将达到 8 亿 ~ 10 亿元人民币。其实，珂兰钻石团队成员及创业背景，是腾讯对其投资的重大原因之一。募集的资金，柯蓝主要用在了产品优化、技术改造和渠道拓展上。

对腾讯来说，投资珂兰钻石是其对 B2C 电子商务业务的一次重大战略性布局。目前，腾讯已经启动了针对垂直方向 B2C 的战略投资，构建起了泛电子商务平台。

购平台

1. QQ 团购

QQ 团购是精心为用户量身打造的手机团购客户端，用户可以随时、随地、随心浏览并购买各种精品团购，还可以在用户中心方便地管理团购券和订单，享受美食、享受娱乐、享受电影。

QQ 团购是腾讯公司推出的一款服务模式，通过 QQ 弹窗推广 QQ 商城团购。商业模式和主流团购网站基本上一样，都是以低价为卖点获得大量订单。

自 2010 年 7 月 9 日正式上线以来，经历多次产品业务形态的调整，于

2011 年 1 月正式宣布定位于团购开放平台，这一举措被认为是腾讯布局电子商务的重要组成部分。

QQ 团购并不自建销售团队，而是通过其他方式来开展团购业务，如开放 API（应用程序编程接口）接入其他团购网站、与本地化具备相应资质的销售团队进行合作。截至 2011 年 6 月，QQ 团购已经接入了 100 多个合作伙伴，其中较为知名的有：积享通缤纷网、领衔网、58 同城、F 团、咕嘟妈咪等。

如今，QQ 团购平台已经开设了美食、娱乐、生活服务、商品、旅游、酒店、品牌特卖、活动八个垂直类目。

2. 搜搜团购

在 2014 年 12 月，腾讯推出了“搜搜团购”的网址导航服务，这是继 hao123、360 安全网址导航之后，第三家巨头跟进团购导航业务。这是搜索引擎公司第一次把团购的概念引入到搜索领域，而且还专门开拓了独立频道。虽然百度的 hao123 早就有团购搜索，可是却没有真正引到搜索引擎里面。

随着团购网站的火热，百团大战已不再是新鲜事，门户与平台除了有意涉足团购外，对于团购周边的业务，例如：导航内容也毫不放松。继 hao123、360 之后，腾讯 SOSO 也推出了“搜搜团购”的网址导航服务，收录了 76 家团购网站，囊括了每个团购网站的每日团购信息。目前，新浪团购是推荐商家第一位，QQ 团购仅排名 19 位。

C2C 平台

腾讯拍拍网是腾讯旗下电子商务交易平台，网站于 2005 年 9 月 12 日上线发布，2006 年 3 月 13 日宣布正式运营。

拍拍网依托于腾讯 QQ 超过 4 亿的庞大用户群以及 1.7 亿活跃用户的优势资源，具备良好的发展基础。数据显示，拍拍网运营满百天，便进入了“全球网站流量排名”前 500 强，并且创下电子商务网站进入全球网站 500 强的最短时间纪录。

2006 年 9 月 12 日，拍拍网上线满一周年。通过短短一年时间的运营，拍拍网已经与易趣、淘宝共同成为中国最有影响力的三大 C2C 平台。截至 2007 年第一季度，拍拍网的注册用户数已超过 4500 万，在线商品数超过 1000 万。拍拍网凭借丰富多样的商品类别和高人气的互动社区，成为目前最受网民欢迎、国内最大的 C2C 电子商务交易平台之一。

拍拍网主要有三大频道：网游天地、女人世界、数码广场，以及 QQ 宠物街、珍品 Q 秀、网上赛格电子城等特色专区。拍拍网拥有功能强大的在线支付平台——财付通，为用户提供安全、便捷的在线支付服务。

目前，拍拍网主要有网游天地、女人世界、数码广场三大频道，以及 QQ 宠物街、珍品 Q 秀、网上赛格电子城等特色专区。基于腾讯公司构建一站式“在线生活”的理念，拍拍网对 C2C 赋予了全新的内涵——“沟通达成交易”。

如今，腾讯 QQ 及其成熟的社区形成了拍拍网独特的核心竞争力，QQ 用户群体已成为拍拍网最具潜在需求的买家群体。基于这种良好的商业氛围以及用户对于多元化交易的需求，拍拍网首次提出了“在线商圈”的创新概念。

财付通

财付通是腾讯公司创办的中国领先的在线支付平台，主要致力于为互联网用户和企业提供安全、便捷、专业的在线支付服务。个人用户注册财付通后，即可在拍拍网及 20 多万家购物网站轻松进行购物。

财付通支持全国各大银行的网银支付，用户也可以先充值到财付通，享受更加便捷的财付通余额支付体验。财付通的提现、收款、付款等配套账户功能，资金使用更灵活。

财付通还为广大用户提供了手机充值、游戏充值、信用卡还款、机票专区等特色便民服务，生活更方便。针对企业用户，财付通构建全新的综合支付平台，业务覆盖 B2B、B2C 和 C2C 各领域，为用户提供了卓越的网上支付和清算服务。还提供了安全可靠的支付清算服务和极富特色的 QQ 营销资源支持，与广大商户共享 3 亿腾讯用户资源。

专业的在线支付服务使财付通获得了业界和用户的一致首肯，并先后荣膺 2006 年电子支付平台十佳奖、2006 年最佳便捷支付奖、2006 年中国电子支付最具增长潜力平台奖和 2007 年最具竞争力电子支付企业奖等奖项，并于 2007 年首创获得“国家电子商务专项基金”资金支持。

移动 QQ

移动 QQ 是一种与手机绑定在一起的上网联系方式。使用移动 QQ 上网有很多方式，常见的有：GPRS（通用无线分组业务）、WAP（无线应用协议）上网、使用 Wi－Fi 连接上网。目前，移动 QQ 支持中国移动、中国联通或 Wi－Fi，还有中国电信。手机需要支持 GPRS，而且已经开通 GPRS 的用户只要下载移动 QQ 就可以使用。

移动梦网是中国移动向客户提供的移动数据业务的统一品牌，英文叫作“Monternet”，移动梦网就像一个大超市，囊括了短信、彩信、WAP、百宝箱（手机游戏）等各种多元化信息服务。

“Monternet”是由“Mobile”（移动）和“Internet”（互联网）两个英文

单词组合而成，是移动通信与互联网两大领域的完美组合，是中国移动互联网当之无愧的代表，代表着“现代、时尚、高效、创新”的品牌个性，其含义为“自由互联、无限沟通”。

简单来说，移动梦网就是一个由运营商构筑的手机上网的平台，是移动用户 WAP 的起点。

2000 年 12 月，中国移动正式推出了移动互联网业务品牌——“移动梦网 Monternet”。

2004 年 10 月，移动梦网业务运营支撑中心（卓望信息公司）成立。

2006 年 4 月 29 日，梦网专项治理活动，梦网信息费下降 50%。

2006 年 5 月 13 日，用户登录 WAP 进行资费提示，梦网用户数下降 50%，月用户数降为 2000 万。

2009 年移动梦网月达到用户 9000 万。

移动梦网的资费标准由通信费和信息服务费组成。通信费由移动公司收取，信息服务费由移动公司每月从手机话费中替合作伙伴代收。移动梦网业务按收费方式可划分为两种：按条收费类（即点播类）和包月类。

其中，点播类业务，按使用次数收费，使用一次扣费一次。包月类业务月租按自然月扣取，当月首次订购 72 小时内免费、72 小后再计费，只计收一次费用。非首次订购，即时开始计费，如果当月多次重复订购，也只计收一次费用。

神州行、动感地带客户梦网消费额总额上限为 200 元/月，一旦超出，当月将无法再使用短信类梦网业务；全球通客户使用梦网不受消费总额限制。

QQ 卡通品牌的外包

QQ 卡通品牌的外包是腾讯的一个特殊收入来源。1999 年腾讯与原本做生产、销售服饰、礼品和玩具的广州东利行合作，依靠东利行固有的渠道和制造优势，结合 QQ 的品牌优势，推出了 QQ 品牌专卖店，成就了我国互联网文化在线下的一种创新发展模式。

除了 QQ 卡通玩具、服饰外，腾讯还推出了独立的衍生品牌"Q - GEN"，放大了 QQ 的品牌外延，纵深发展服装业。如此，腾讯不仅扩大了自己的品牌影响力，还分享到了10%以上的代理费分成。根据腾讯 2004 年第四季度的财务报表显示，截至 2004 年 12 月 31 日，腾讯移动及电信增值服务收入达 6. 4119 亿元人民币，互联网增值服务达 4. 39041 亿元，网络广告达 5480. 1 万元，其他 850. 1 万元，合计 11. 43533 亿元。

利润乘数模式

对于拥有强势消费娱乐品牌的公司来说，利润乘数模式是一个强有力的赢利机器。一旦投入巨资建立了一个品牌，消费者就会在一系列的产品上认同这一品牌。企业就可以用不同的形式，从某一产品、产品形象、商标或是服务中，重复地收获利润。

腾讯建立了自己的 QQ 品牌，胖乎乎、可爱的小企鹅形象受到了年轻人的青睐。腾讯将这一品牌赋予一系列其他的产品，如玩具、服饰等，而这些产品的消费群也正是年轻一族，和 QQ 的消费群相吻合，如此不仅延伸了它的品牌效应，推广费用也极低，利润倍增。

跳出常规思维寻找赢利

当大家还在思考博客如何赢利时，当大家都在争论如何利用网络广告时，当无线增值为博客赢利时，腾讯的 QQ - ZONE（QQ 空间）早已经实现了赢利。这是腾讯跳出常规性思维来考虑的结果。

在 QQ 的用户中，青少年占的比重相对较大，而且对 QQ 的迷恋程度较高。腾讯借鉴 QQ 秀的成功运作模式，抓住了用户的心理——炫耀和自我表现。

用户写博客的目的不仅是自己看，主要是为了分享，为了表达情感，为了让更多的人看到自己、了解自己，腾讯抓住了用户心理，也就抓住了客户。

QQ－ZONE 的主要盈利模式是出售空间的装饰品、道具等，包括：大头贴、播放器、音乐、装饰品等；除此外，还有个性化的养花功能，在花的成长指数中有一项与购买物品的数量挂钩，可以刺激消费者的购买欲望，潜力不可低估。

先以免费策略占据市场，再从其他地方获得收益

腾讯所有的赢利业务之所以能够取得成功，主要得益于它最开始的免费策略，使他凝聚了大量的客户资源。1999 年，腾讯将 OICQ 软件挂在了网上供大家免费下载，结果，用户数呈几何级增长态势，不到两年时间发展了 3000 多万，如今的用户数额已近四亿。这四亿用户是腾讯获得其他收益的基础，虽然没有直接从 QQ 号获得收益，甚至还要为这么多用户支付服务器成本，但没有这个基础，其他的业务也就没有了客户源泉。

2001 年中期，腾讯的新增注册量达到每天 90 万人以上，腾讯公司不堪负荷。无奈之下，腾讯只好对用户注册实施控制。2001 年 2 月起，腾讯开始对用户注册进行限制，并逐月减少，直到用户几乎不可能注册到。但每日的新注册用户仍然高达 39 万人。那时，腾讯公司每个月的费用开支在 200 万元左右，其中仅增加设备的费用便占了其中的 3/4，形势相当严峻。

2002年3月，腾讯又推出“QQ行靓号地带”业务，开始出售QQ号码。为了有效控制QQ用户飞速增长，2002年9月QQ行号码正式登场，每月收费2元，免费号码和一次性号码申请被逐步停止。“全员”收费以“增员”收费的最终面貌出现。2002年11月，QQ发出法律警告函，封杀电子网站从事买卖QQ号码的行为。2002年年底，免费号码和一次申请（付费）长期使用号码基本停止发放，QQ主打每月2元租用费的QQ行号码。

对于腾讯的做法，网友感到很伤心。2001年7月底，一篇由网友写的匿名文章《腾讯QQ，你做得太绝了》率先向腾讯发难。该文由于深刻表达了用户的心声，被广泛转载，随即引发了腾讯和媒体的口水战。

网民对QQ收费不支持，媒体对此也是积极声讨！2001年8月20日《精品购物指南》发表了一篇名为《要学邮箱注册收费，腾讯上演东施效颦》的文章，引发了腾讯和该媒体的口水战。8月22日，腾讯就《腾讯上演东施效颦》一文作出质疑，并发表声明。

腾讯在反驳中说出了自己的理由：腾讯之所以要限制注册是因为有的网友一个人注册多个QQ号，占用了太多的资源，是对有限资源的巨大浪费。而且，腾讯也很克制，希望消除双方的成见，求得合作双赢。当媒体认识到有些地方确实是误解了腾讯的初衷时，媒体方面也保持了克制。

2002年5月，网上开始风传QQ即将全员收费，其实他们是要对新注册用户收费，同时也会保证一部分的免费和一次性的号源。一些比较好的靓号，需要花10元/月的会员费才能有机会选择。他们会不断提供新功能，给所有免费的已有用户群，不会强制收费。收费只是让新用户多一些选择而已。

第八章　阿里巴巴——发扬以劣胜优的传统，敢打必胜

诚信通：企业信用认证敲开了创收大门

诚信通是阿里巴巴为从事中国国内贸易的中小企业推出的一种会员制网上贸易服务，主要用来解决网络贸易信用问题，是建立在阿里巴巴上的摊位。

诚信通用企业信用证敲开了创收的大门，概括起来，阿里巴巴有5大标准服务。

1. 拿商机

查看商机：阿里巴巴网上大市场每天都会有60多万条最新供求信息、上千万注册买家的联系方式，可供用户查看。

发布信息：用户可以在阿里巴巴网上大市场无限量发布产品信息。

2. 抢特权

（1）第一大特权：银行贷款

有机会申请银行无抵押阿里巴巴贷款（限以开放地区），解决长期困扰

中小企业的资金问题。

提供网络联保贷款，无抵押，最高可贷200万元，由建设银行提供。

纯信用贷款，无须抵押、联保，最高可贷100万元，由工商银行提供。

（2）第二大特权：报名参加每周举办的大买家采购会

在阿里巴巴网上，每个星期都会举办约两次买家采购会，诚信通会员不仅有权免费查看和报名，还有机会参加阿里巴巴组织的大买家见面会，每月约2场。

（3）第三大特权：参加行业展会订单更多机会

每年都有机会随阿里巴巴免费参加上百场展会。

3. 获推荐

（1）资质认证

第三方权威机构资质认证，诚信通会员优先获推荐；通过第三方权威机构审核，企业身份真实有效，买家更放心与诚信通会员洽谈生意。调查显示，85%的买家和92%的卖家，都会优先选择与诚信通会员做生意！

（2）排名优先

同等条件下，在阿里巴巴网上大市场发布的供求信息会排名在普通会员之前，可以抢先吸引买家眼球。

4. 建网站

①顶级域名：接轨国际，可以彰显企业地位。

②无限空间：40G企业相册，有利于买家了解你的企业和产品。

③企业在线：容量高达20G的企业邮局和多人贸易在线，可以帮企业轻松实现在线贸易。

④网站推广：零费用推广，依托阿里巴巴网上交易大平台，可以获得上亿的点击量。

⑤运营维护：近千名专业技术专家和运营人员，轻松网站维护，运行稳定安全。

5. 享服务

①全程服务：一条服务热线，网上网下两个服务通道，千名服务和技术人员，为企业提供全面的贴心服务。

②网商培训：针对中小企业的实际需求量身定制，通过网上网下等各种通道，为企业随时提供培训服务助力中小企业在逆境中成长。

③网络操作培训——操作演示，帮助企业成为“阿里巴巴通”。

④营销技巧培训——实战技巧，帮助企业成为生意高手。

⑤企业管理培训——巅峰对话，帮助企业突破经营瓶颈。

注册年费：“中国供应商”注册用户的年费

阿里巴巴国际站点推出的收费会员制服务为“中国供应商”，可以帮助会员开拓国际市场。阿里巴巴中国供应商面向出口型企业，其外贸站的产品、外贸会员每年都要交取一定的费用，相当于阿里巴巴中文站的诚信通服务。

阿里巴巴国际站拥有全球 240 个国家约 43 万专业买家资源，每天都会获得 3000 多条海外买家求购信息，可以帮助用户开启赢利新空间。注册收取的费用在几万至几十万元不等，可以根据公司的实际情况量身定做。

竞价排名：网上竞价，按月销售

阿里巴巴的竞价排名是诚信通会员专享的搜索排名服务，买家在阿里巴巴搜索供应信息时，竞价企业的信息会排在搜索结果的前三位，买家可以在第一时间找到。这样做的好处如下：

1. 提高成交率

排名前三，买家反馈就会提升16倍。竞价会员可以在所有买家必经通道上获得全方位推广。

2. 按月付费，每月不变

固定排名前三名长达一个月，可以摆脱重发信息的烦琐，省下精力做生意。竞价是多少，一个月的费用就是多少。

3. 推广省心，提升知名度

网上做生意竞争激烈，可以让企业在一月之内排在所有同行最前面，省时、省力、省心，有助于提升企业知名度。

4. 专业买家，定位精准

专业的B2B平台，为用户带来专业的买家。阿里巴巴网聚集了全球618万专业买家，可以让竞价长时间曝光。

黄金展位：不同关键字对应的“黄金展位”价格不同

黄金展位是专为诚信通会员提供的企业品牌展示平台。购买黄金展位的企业，可以在指定关键词的搜索结果页面的右侧显著位置获得优先展示，以最形象最醒目的形式获得买家关注，打造企业品牌。

黄金展位作为中小企业的品牌展示平台，具备 4 大核心优势：

①主搜索超大曝光——固定展示在搜索页面右侧。无论客户翻到第几页，广告一直存在，曝光度极高。每个关键词仅四个名额。

②大图片，动态翻转——黄金展位以超大广告位为主要展现形式，图片动态翻转，可以吸引买家眼球。企业信息固定在图片下方，不用点击就可以查看。

③金榜题名——黄金展位会员的企业网站内拥有独特的标志，可以彰显企业实力和辨识度，比如：特殊荣誉、品牌推广明星等。

④品牌专递——在阿里巴巴每天发送的 230 万封营销邮件中，主动将黄金展位会员信息官方推荐给买家，相当于每月 5000 个业务员免费帮助企业找业务。

1. 黄金展位的投放位置

投放在指定关键词的各大主要搜索结果页面，包括供应、求购、公司信息等右侧显著位置，从第一页到最后一页，全网曝光。

2. 黄金展位的展现形式

以 160 × 200 像素的彩色图片展示；仅有 6 位，随机排列；翻页、筛选依然存在；直达企业网站；不同关键词对应的“黄金展位”价格不同。

3. 如何办理黄金展位

只需 5 步便可以轻松推广：提交购买意向、与客户经理确认关键词、签订购买合同并付款、图片设计、推广位投放。

关键字竞价搜索：把流量转变成现金收入

关键字竞价服务是指，阿里巴巴为诚信通会员提供的在中文网站“供求信息”和“供应信息”搜索结果页面上，每个关键字搜索结果页面仅设3个特别推荐位，竞价成功后，就可以挑选一条供应信息放在推荐位。它将处在买家搜索页面的前3位，增强宣传效果。

其实，关键字竞价“竞”就是“排名前三”的推荐位，是抢先被买家看到的机会。那么，关键字竞价有什么好处呢？

①提高成交机会：权威调查表明：98.6%的买家习惯通过关键字搜索供应商。信息排名前三，获得的买家反馈就会成倍增加。

②领先同行：排名前三确保激烈竞争中绝对优势地位，阿里巴巴供求商机692313条以上，产品竞争日益激烈。

③掌握主动：不受时间限制，无须为排名每天重发信息。

1. 什么是关键字，竞价时该如何选择关键字

所谓关键字就是，客户搜索产品时最可能用的名称，如轴承、玩具、工艺品等。参加关键字竞价是为了让供应信息在同行中脱颖而出，让买家一眼看见，而一般买家搜索时只用产品名为关键字，所以选择关键字时只用产品名，要去掉所有修饰词。

2. 每轮竞价什么时候开始，什么时候结束

每轮竞价一般为每个月1日10点10分到该月5日17点10分。如果遇到五一、十一、春节或其他长假，竞价时间会有所调整，每逢调整都会特别

用邮件提醒诚信通会员。

3. 推荐位能放多久

参加竞价需要什么条件？在竞价成功后，企业的推荐位投放将会持续一整个月：下个月的 1 日凌晨 0 点 0 分起，至该月最后一天午夜 23 点 59 分。

竞价是对诚信通会员的特别服务，所以只要企业是诚信通会员，就可以参加竞价。

第九章　百度——明确优势才能制敌于千里

固定排名

固定排名广告是指，当用户进行关键词检索时，企业按照预先支付给搜索引擎的固定排名广告费，在用户检索结果的相关固定位置出现企业的网站。

1. 优　点

固定排名广告作为一种付费的搜索引擎营销模式，有以下几个优势。

（1）操作简单，管理方便

固定排名广告不需要过多的搜索引擎营销专业知识。广告信息一般都出现在搜索结果页面的固定位置，定期支付固定的费用，只要定期察看统计报告、分析推广效果即可；而且，不用担心点击次数的多少是否会引来营销费用的增减。这对营销预算充裕但缺乏搜索引擎营销专业人员的企业提供了便利。

买的词少，管理起来比较方便。一般情况下，固定排名费用较高，企业不会大规模购买关键词，会购买行业通用词，因此购买的数量不会太大，管理起来比较容易。

(2) 对竞争对手在关键位置的推广起到阻击作用

企业用户一旦购买了某个广告位置，将在整个购买期间内（通常为一年）一直占据该位置。这样，竞争对手就无法在这个位置做推广。

2. 缺 点

当然，固定排名的弊端也很明显，主要表现就是：固定排名的灵活性差。企业购买搜索引擎关键词固定排名的服务期限是固定的，通常为一年。如果企业在购买期限内发现某些关键词效果不好，将无法更改。

根据关键词的购买期限和热门程度，固定排名的关键词费用一般较高。如果企业购买的某个关键词被用户检索的机会少，就会造成营销费用的浪费。由于固定排名的单个关键词价格一般较高，企业为了提高点击率节省营销费用一般会选择行业性和含义较广的关键词。而随着用户使用搜索引擎经验的增加，为了搜索到更加精确的信息，越来越多的用户会使用各种各样的含义狭窄的个性化的关键词进行检索。这样，固定排名就很难把握到用户的搜索习惯了，也就无法达到较好的营销推广效果。

固定排名广告不是搜索引擎营销的主要模式，企业要想获得较好的营销效果，应和其他的搜索引擎营销模式结合起来使用。

搜索收费

百度搜索引擎收费标准如下。

①竞价排名推广费最低预付金为1500元，多付不限，你的付款将会被存入你所注册的竞价排名账号中。

②潜在客户通过竞价排名点击访问你的网站后，百度会从你的账号中扣除相应费用。

③每次扣除费用为0.30元起，如果多家网站同时竞买一个关键字，则搜索结果按照每次点击竞价的高低来排序。

④每个用户所能提交的关键字数目没有限制，无论提交多少个关键字，均按网站的实际被点击量计费。

⑤竞价排名点击计费系统每15分钟统计一次点击情况，扣除相应费用。可以随时登录竞价排名客户管理平台查看点击情况。

⑥为每个客户提供详细的点击统计报告，客户可以随时登录管理平台查看。

⑦每年缴纳服务费600元，百度为客户提供咨询服务、开户服务、管理服务、报告服务。

百度联盟收入

百度联盟隶属于全球最大的中文搜索引擎百度，依托百度强大的品牌号召力和成熟的竞价排名模式，经过多年精心运营，已发展成为国内最具实力的联盟体系之一。

1. 搜索推广合作业务

百度联盟搜索推广合作，是为合作伙伴提供的搜索支持服务。合作伙伴通过网站、软件、网吧等渠道，不仅可以让自己的用户便捷地使用搜索引擎，还能根据用户搜索的关键字显示最相关的百度推广内容，为合作伙伴带来收入。

2. 网盟推广合作业务

百度联盟网盟推广合作业务可以对网站页面的内容作出分析，并将与主题最相关的百度推广投放到网站相应的页面，为推广客户和网站主带来推广内容投放效益的最大化。

网站用户通过点击该文字链产生收入，网站主就可以从百度获得相应的分成。在2008年，百度联盟获得 iResearch（艾瑞）颁发的“2007—2008年度中国最佳互联网广告联盟奖”。

3. 新业务合作业务

随着业务发展，百度联盟不断创新，推出了一种新型合作计划。2011年百度新业务产品形式主要包括：百度鸿媒体、百度 TV 和其他 CPA（平均成绩点）/CPS（粘度）/CPL（以搜集潜在客户名单付费）等。

4. 开放平台合作

百度应用开放平台合作，是开发者及应用提供者通过加入百度应用开放平台而获得基金奖励的业务合作模式。为了鼓励创新应用的开发，百度准备投入数亿元资金，面向平台所有开发者及应用提供者。

网络广告收入

所谓网络广告就是指在网络上做的广告。通过网络广告投放平台，利用网站上的广告横幅、文本链接、多媒体，在互联网刊登或发布广告，通过网络传递到互联网用户。

与传统的四大传播媒体（报纸、杂志、电视、广播）广告及近来备受垂青的户外广告相比，网络广告具有得天独厚的优势，是实施现代营销媒体战略的重要一部分。

百度广告价格如下图所示。

开户费用	百度搜索推广采取预付费制，首次开户仅需缴纳5600元，其中包含预存推广费用5000元，服务费600元（服务费和预存推广费根据地区情况可能有所变动，具体费用由客户和服务提供方另行约定）
计费方式	按点击付费，每次点击费用取决于您为关键词设定的出价、关键词的质量度和排名情况，最高不会超过您为关键词所设定的出价

百度广告价格

手机移动搜索

百度无线是中文搜索第一品牌“百度”在移动互联网领域的延伸，除了提供百度各项经典产品的手机版本外，更为手机用户量身打造了丰富的移动互联网产品。

打开手机浏览器输入手机百度地址，便可以在手机上开始百度搜索。有了手机搜索功能，用户在任何时间、任何地点都可以通过手机搜索获取信息。随时随地，百度一下，你就知道！通过电脑体验百度手机搜索服务，便可体验百度手机搜索栏目试用。

功能性搜索，根据广大用户的需求，百度为用户提供了手机网页搜索、手机图片搜索、手机小说搜索、手机新闻搜索等功能性手机搜索产品。这些产品后台数据丰富、界面简单友好、操作容易，可以使用户快速找到所需信息。除了搜索产品，百度手机搜索还为用户提供天气、字典、股票、列车航班信息的查询服务。

除此外，互动搜索社区百度还为手机用户提供了百度互动搜索社区产品——贴吧、知道的 WAP 服务。其中，百度贴吧是全球最大的互联网话语社区；而知道的解决问题数已超过八千万。

第四部分　投融资模式之战

第十章　腾讯——借力他人优势不断提高自己

寻找投资人：IDG和盈科数码

软件卖不掉，但用户增长却很快，运营OICQ（一款即时通信软件）所需的投入越来越大，马化腾只好四处筹钱，开始找风险投资。到了1999年下半年，看着OICQ用户越来越多，腾讯的几个创始人一合计，决定出让部分股份，进行融资。

那时，从美国飞往中国的飞机总是满舱，头等舱里的投资者随便到经济舱里一逛，就能发现几个归国创业者，不少合作就是从飞机上开始的。可是，当腾讯决定融资的时候，互联网的融资已不乐观了。

2000年高交会，马化腾拿着一份改过6次，20多页的商业计划书，到高交会上碰运气。开始的时候，站在展台前的他并没有引起投资机构的关注。后来，遇到了盈科数码和IDG（美国国际数据集团）。

打动这两家公司进行投资的，除了腾讯那份商业计划书外，当时广为流传的ICQ以亿美元卖给美国在线的故事也起到了一定的作用。当时，IDG合伙人之一林栋梁问马化腾，你的公司凭什么值这么多钱？马化腾说，以色列的ICQ有多少用户？他们卖了几千万美元。我的OICQ有多少用户？所以，我就值这么多钱！

2000 年年初，盈科数码和 IDG 一共给腾讯投资 220 万美元，然后各拿走了腾讯公司 20% 的股份。在那些谨小慎微的风险投资者眼里，那时的 OICQ 依旧是一个看不清楚未来、尚未找到盈利模式的项目。但就是为了这区区的 220 万元，马化腾不得不让出了 OICQ 的 40% 股份。

资本的冬天：互联网泡沫破灭

1993 年，在斯坦福大学读博士学位的杨致远创建了雅虎搜索网站，1998 年总收入达到 2.03 亿美元，利润总额 2500 万美元。进入 1999 年后，雅虎的股票市值已经接近 380 亿美元，超过波音公司。

1994 年，31 岁的贝索斯决定在互联网上销售产品，亚马逊网站诞生。到 1999 年，亚马逊网上书店成为全球第三大图书销售商，拥有 450 万个长期顾客。截至 1999 年 10 月，收入达到 3.56 亿美元，自 1997 年公开上市到 1998 年年底，其股票价格飙升了 2300%。

一个从成立到上市不到两年、没有挣过一分钱的公司，居然站到了巨人微软的对面。一些人在比较雅虎和波音之后，甚至下了这样的定义：网络经济 3 年等于工业经济 70 年！

网络就这样让人美梦成真！互联网制造的“暴富速成”神话，吸引了千千万万的后来者追随。而网民队伍的日渐扩大，决定了其后续发展空间永远无限。

这种泡沫示范作用迅速蔓延到中国，尽管中国的网民当时只有 600 万人左右。1998 年，搜狐赢利 40 万美元，这一消息被各家媒体抢发。因为当时还没有几家网络公司站出来，声称自己投资网络有了赢利。

2000 年以科技股为代表的纳斯达克股市的崩盘和“网络泡沫”的破灭，全球互联网产业进入了“严冬”，“多米诺骨牌”效应带动 IT 产业整体下滑，市场一片低迷。根据 Webmergers. com（“网络并购”网站，以研究方式为互联网企业买卖双方提供交流平台）统计，自2000年泡沫破灭以来，全球至少有4854家互联网公司被并购或者关门。2001年3月19日的一篇报道称：裁员像一场瘟疫，正在美国高科技企业中蔓延。裁员的问题已经从高科技“食物链”的底层辐射到顶层。

在2000年3月，以技术股为主的NASDAQ（纳斯达克综合指数）攀升到5048，网络经济泡沫达到最高点。网络经济泡沫于3月10日开始破裂，该日NASDAQ综合指数到达了5048.62，比1999年的数翻了一番还多。

当时，大量高科技股的领头羊，如思科、微软、戴尔等数十亿美元的卖单，碰巧同时出现在3月10日周末之后的第一个交易日（星期一）早晨。结果从3月13日一开盘，NASDAQ就从5038跌到了4879，整整跌了4个百分点，之后便引发了抛售的连锁反应：投资者、基金和机构纷纷开始清盘。仅仅6天时间，NASDAQ就损失了将近900个点，从3月10日的5050掉到了3月15日的4580。

2001年，泡沫全速消退。大多数网络公司在把风投资金烧光后停止了交易，许多甚至还没有赢利过。投资者经常戏称这些失败的网络公司为“炸弹”或“堆肥”！

轩然大波：MIH控股腾讯

对于唯快不破的互联网业，其增长速度早就让传统行业难以望其项背。狂飙的增速背后需要大量的资金支持，创始人拥有创新模式，如果缺乏资金的支持就为资本提供了一个可供发展的肥沃土壤，他们要做的就是瞄准投资目标，在时间的酝酿下，催化出丰厚的回报。

如果以投资回报率计算，回报率最高的当数MIH（米拉德国际控股集团公司）投资的腾讯，14年回报近1500倍。

2000 年，正值互联网泡沫爆发，腾讯被非洲国际传媒大鳄 MIH 一举收购了公司46.5%的股份，取得了与 QQ 的创业者相同的股权份额，相对控股了 QQ，当时的 IDG 占据7%。

上市香港：腾讯一夜金身

趁着互联网企业上市高潮，腾讯也踌躇满志准备上市。由于大股东的安排，腾讯放弃了赴纳斯达克上市的计划，改为在香港上市。

腾讯为何改变初衷将上市地点由美国改为香港？主要是因为，当初 MIH 通过子公司 M－WEBCHINA 注资腾讯，股权转让过程并未完全透明。再加上 MIH 已经是纳斯达克上市公司，腾讯的进入有可能对其产生不利影响。尽管香港上市可能会减少融资额，可是权衡利弊，最终腾讯还是选择了香港。

2003 年 12 月初，占有腾讯的大股东国际传媒大鳄 MIH 正式向外界表示，公司已指定高盛为上市顾问，于 2004 年年初将辅助合资公司腾讯 IPO（首次公开募股）上市，并评估腾讯 IPO 后募集资金达到 2 亿～3 亿美元。外资占主体的董事会委任马化腾只负责游戏与 QQ 秀等娱乐增值业务，对于资本运作事宜由其他人负责。

为了取得上市资格，腾讯做了一系列股权调整，回购了自己的部分股权，使得腾讯与 MIH 的合资公司所占比例提升到了 50%。截至 2003 年 9 月中旬，腾讯拥有 2.33 亿注册用户。2003 年 3～9 月内，腾讯的销售额达 3600 万美元，营运获利 2100 万美元。

2004 年 6 月 16 日，腾讯 QQ 正式在香港挂牌上市。在此次上市中，其超额认购的首次公开募股带来了总计 14.4 亿港元的净收入。由此，腾讯顺利完成了自己的资本跳跃。

第十一章　阿里巴巴——步步为营方能百战百胜

战略至上：融资之道的精髓

投资和融资是一个双向选择的过程，即使企业在资金上已到了山穷水尽的地步，也不能盲目寻找投资。因为一些不好的风险资金，例如和企业发展不是太切合的风险投资，可能会毁掉一个优秀的企业。对于这一点，马云心知肚明，因而他对挑选风险资金是非常挑剔的。

马云曾经说过："我们需要的不是风险投资，不是赌徒，而是策略投资者，他们应该对我们有长远的信心，20 年、30 年都不会卖的。两三年后就套？获利的，那是投机者，我是不敢拿这种钱的。"为此，马云至少拒绝过 37 家风险投资商。

马云融资之道的精髓是"战略至上"。阿里巴巴创业之初的融资，主要基于当时的公司生存和发展这一战略。当时选择风险资金的标准是：有利于阿里巴巴活下来，能帮助阿里巴巴长期发展。

1999 年 10 月，由高盛牵头，包括富达投资和新加坡的政府科技发展基金在内的一批投资机构，联合向阿里巴巴注入了首期 500 万美元的风险投资。

其实，高盛的这笔投资金额并不是和阿里巴巴谈判的所有投资商中最多的，他们开出的条件也相当苛刻。可是，马云最终还是选择了高盛。主要就在于，高盛是美国有名的投资公司，有着长远的战略眼光，无论是对阿里巴巴的将来开拓市场，还是做长远的战略规划都有极大的好处。同时，和国内过于“小家子气”的投资者比较起来，高盛显然更符合马云的要求。而且，在这个被称为“天使基金”的资金注入阿里巴巴后，投资者绝不会干涉公司的运作。这正是马云想要的！

软银总裁孙正义，既做过创业者，又一直在互联网圈内持续投资，符合马云心中的条件：适度规模的投资，持续的投资，一定的海外资源。马云与孙正义的合作属于一见钟情、一拍即合，孙正义个人承诺协助阿里巴巴的业务，为阿里巴巴增添了莫大的价值。软银在扶助新企业发展成为行业领导的业绩及全球实力方面起到了巨大的作用。

马云熟悉企业与企业间电子商务高速增长的潜力，他觉得，互联网将彻底改变国际贸易层面，市场就为阿里巴巴提供了庞大的商机。与软银建立起一种良好的伙伴关系，就为阿里巴巴提供了一个强劲的支撑，有利于深化和扩大阿里的业务，为全球贸易商提供了更多价值。

第一轮融资：引入投资界大鳄

高盛集团是一家国际领先的投资银行，主要向全球提供广泛的投资、咨询和金融服务，拥有大量的多行业客户。

1999 年 10 月，马云在拒绝了 38 家风险投资后，接受了以高盛为首、包括富达投资和新加坡政府科技发展基金等首期 500 万美元的风险投资。

高盛公司认为，阿里巴巴是高盛在亚洲开展投资以来第一家一流的投资对象。高盛曾经帮助过 IBM、微软，使之成为世界上最伟大的公司。此次是高盛第一次对亚洲互联网公司投资，高盛几分钟之内就下定决心投资，显示出对马云团队的发展前景、超强执行力的看好。

第二轮融资：孙正义慧眼识英雄

2000 年年初，马云认识了 IT 财团大亨、雅虎最大的股东、号称“全球互联网投资皇帝”的软银投资主席兼行政总裁孙正义，马云用短短 6 分钟的演讲便征服了他。马云决定再次融资 2000 万美元，孙正义成为阿里巴巴的首席顾问。这次融资，让阿里巴巴在全球 2000 年年底互联网泡沫破灭后仍然有足够的粮草过冬，显示出马云高超的前瞻性眼光。

3 个月后便启动第二轮融资，说明马云之所以要融资并不是因为缺钱。如果能引入更多的资源，声称不缺钱的阿里巴巴也会接受巨额投资，因为阿里巴巴高管认为，中国互联网乃至全球电子商务发展的趋势可能会下滑，电子商务方向更有发展机会，需要大力投资。

阿里巴巴需要在短时间内给竞争对手设置一个更高的门槛，进一步强化其在电子商务领域的领先地位，并在即将开始的电子商务格局变化中掌握主动权。这就告诉我们，即使有钱也要融资，千万不要在“寒冬”中融资，寒冬中很难找钱，会因为缺少一件“棉衣”被冻死。

第三轮融资：并购雅虎中国，借巨擘助力

通过前两轮的融资，阿里巴巴获得了迅速发展，同时也感觉需要更多的国际性人才加盟。

之后，三大高管便成了马云的三驾马车：CFO 蔡崇信（曾任欧洲 Invest AB 基金公司副总裁）、COO 关明生（曾在 GE 工作 16 年并历任要职）、CTO

吴炯任（雅虎搜索引擎发明人）。加上 CEO 马云，公司组成了一支强有力的“4XO”豪华战车领袖团队。此外，微软（中国）原人事总监和联想网站原财务总监也加盟了阿里巴巴。

有了高管的加盟，阿里巴巴在整体运营、技术研发、战略、发展等方面都获得了极大的提升，再次获得了软银、富达投资、GGV（纪源资本）合计达 8200 万美元的投资。公司不仅快速发展了 B2B 业务，还进入了 C2C（淘宝）、电子支付（支付通）领域，业务实现了全面扩张。

对大多数中小企业来说，引入人才会极大地提升企业的价值，同时也意味着创业股东必须放弃部分利益，但不是所有企业都愿意这样做的。高水平的管理团队加盟对企业的价值提升会远远超过原始股东所放弃的利益，原始股东可以从中获得更大的企业增值溢价，公司的发展也将更加健康。

第四轮融资：拯救雅虎中国并实现扩张

2005 年 8 月，阿里巴巴收购雅虎中国，得到雅虎 10 亿美元的投资。

当时，雅虎中国“水土不服”、管理不善，在中国的业务远远落后于三大门户和百度，急于寻找能振兴雅虎中国的团队和人才。

雅虎的最大股东孙正义、创始人杨志远都对阿里巴巴的执行力深信不疑，希望马云临危受命，接管雅虎中国。可是，马云却决定投资 10 亿美元，补充业务发展所需的资本金，与雅虎形成战略业务紧密合作，为以前的投资人部分套现。

此次融资为支付宝和淘宝的迅猛发展提供了充足的“粮草弹药”，为两大业务今后实现赢利打下了雄厚的资金基础。

第五轮融资：在金融危机前实现 IPO

在2007年年初金融危机已出现苗头，实体经济及能源价格飞涨，股市突破原先高点继续飙升，可是，过度繁荣的资本市场必然蕴藏着“获利大逃亡导致的下跌风险”。

阿里巴巴高管团队一方面对外宣布上市没有时间表，另一方面紧锣密鼓地实施 IPO（首次公开募股）准备进程，仅短短 6 个月便完成了复杂庞大的 IPO 工程，抓住了金融危机爆发前的机会，完成了互联网领域世界最大的 17 亿美元 IPO 融资工程，为金融危机爆发后的寒冬准备了厚实的粮草，一跃成为世界五大互联网公司之一。

根据行业研究机构 iResearch 的研究报告，2004—2007 年中国 B2B 电子商务市场规模复合增长率为 70%；同时，B2B 电子商务交易规模增速更高，复合年增长率达到 89%，2007 年全年突破 2 万亿元人民币。

通过几年来的多次私募融资及上市融资，阿里不仅实现了业务的迅速增长；还通过帮助客户提供融资服务、有效控制成本等措施，提升了市场份额，将很多本土竞争对手远远甩到了后面。

收购中国万网：4.35 亿元资金收购 85%的股权

2009 年 9 月 28 日，阿里巴巴入股中国万网，持有万网 85% 的股权。

中国万网是国内领先的互联网基础设施服务提供商，其服务范围涵盖基础的域名服务、主机服务、企业邮箱、网站建设、网络营销等互联网基础应用。

万网与阿里巴巴都是为中小企业、做电子商务的公司提供服务的，双方互补性很强。阿里巴巴集团支付人民币 5.4 亿元的现金，分两期获得万网在中国营运的股权。

阿里巴巴入股后，第一阶段持有万网 85% 的股权。根据双方签订的协议，阿里巴巴很可能会进一步增持万网股权。如果万网现有管理层的业绩达到一定目标，阿里巴巴将拿出一部分股权激励现有团队。

阿里巴巴为了获得万网 85% 的股权，一共耗资 4.35 亿元。据说，入股万网是阿里巴巴公司上市以来对外最大的单笔投资。中国万网原有的品牌仍将保留，但产品和服务归入阿里巴巴的小企业 IT 事业部。

多元化拓展：寻找跨界业务结合点

阿里巴巴在短短 12 年的时间里从一家全部资产不足 50 万元的小型企业发展到中国最大的电子商务集团，这一成就的取得与阿里巴巴独特的企业理念密不可分。

阿里巴巴始终坚持以服务中小企业为主，“让天下没有难做的生意”是他永远不变的使命，“客户第一”的宗旨是他一直的坚守追求。虽然阿里巴巴已经取得了巨大的成就，但其目标是成为一个持续经营 102 年的优秀企业，为了追求更大的发展空间，为了追求更高的利润，阿里巴巴走上了业务多元化之路。

1. 摸着石头过河

1999 年 3 月 10 日，马云以杭州为研究发展基地，成立了阿里巴巴网站，开创了企业间电子商务平台，并于 2000 年 9 月 9 日在杭州成立了阿里巴巴中国总部。

为了更好地促进中国卖家进行外贸即出口贸易，2000 年 10 月公司推出了“中国供应商服务”。中国供应商是面向有海外出口意向企业提供的推广服务，分为“出口通”和“全球宝”。而“全球宝”是对“中国供应商”服务的升级，服务内容并没有实质上的改变，但价格却相差了近4倍。为了更好地服务从事内贸即中国国内贸易的卖家和买家用户，2002年3月公司推出中国站“诚信通”会员计划。

2. 船到桥头自然多元化

2003年5月，阿里巴巴集团投资创立了淘宝网。淘宝网是亚太最大的网络零售商圈，致力打造全球领先网络零售商圈。现在，淘宝网业务跨越C2C（客户对客户）、B2C（商家对客户）两大部分。淘宝网的C2C网上交易平台，主要用于商品网上零售；而B2C服务，主要对象为大型卖家和部分品牌卖家或者授权卖家。

2004年12月，阿里巴巴公司创办了支付宝。支付宝是国内领先的独立第三方支付平台，有效解决了买卖双方交易安全的问题，降低了交易风险。

2005年8月，阿里巴巴集团全资收购雅虎中国，在2007年5月正式更名为中国雅虎，为亿万中文用户带来了最大价值的生活体验。

2006年10月，阿里巴巴集团收购了口碑网。口碑网通过海量黄页店铺、消费信息，配合便捷的搜索、无线等应用功能，搭建了一个多渠道解决民众消费需求的平台。

2007年1月8日，成立阿里巴巴软件（上海）有限公司，致力于为中国4000多万中小企业提供买得起、用得上、用得爽的在线软件服务，为中小企业提供“最方便、最灵活、最简洁和最便宜”的一站式在线软件工具，涵盖中小企业电子商务工具、企业管理工具、企业通信工具和办公自动化工具。

2007 年 8 月，成立阿里妈妈——“C2C 式广告”平台，主要经营网络广告分销业务，针对网站广告的发布和购买平台。它首次引入“广告是商品”的概念，让广告第一次作为商品呈现在交易市场里，让买家和卖家都能清清楚楚地看到。阿里妈妈作为一个广告交易平台，延续了淘宝的 C2C 路线，淘宝交易的是各种商品，而阿里妈妈交易的是广告。

2007 年 11 月 16 日，“网上世贸中心”——阿里巴巴网络有限公司正式登陆香港联交所，全球发售集资总额 131 亿港元（17 亿美元）。作为全球国际贸易领域内规模最大、最活跃的网上交易市场和商人社区，拥有全球 240 多个国家和地区的 3200 万商人会员。

3. 巩固多元化

2009 年 4 月 13 日，阿里巴巴集团正式成立投资管理公司，专注于二级市场投资。它的成立不仅增强了集团在财资管理的实力、对宏观环境的洞悉力，加强了集团现金的流动性管理、短期投资管理和资金风险管理；还对阿里巴巴集团的现金流入、流出和存量进行了统筹规划，在保证流动性的基础上，实现了现金效益的最大化。

同年 9 月，集团在十周年庆典上宣布成立子公司“阿里巴巴云”，专注于云计算领域的研究和研发。9 月 28 日，集团正式对外宣布，以 5.4 亿元的价格收购中国万网 99.67% 的股权。阿里巴巴是全球最大的 B2B 电子商务企业，而中国万网则是中国最大的互联网基础应用服务提供商。借助收购中国万网，阿里巴巴进一步拓展并完善了面向中小企业的电子商务战略布局，为广大中小企业客户提供了一个从建站到营销的一站式整合服务，巩固了领先优势。

2010 年 3 月 9 日，1688.com 成功上线。“1688 平台”覆盖了服装、小商品、五金、机械等 6000 多个行业，打通了“购物上淘宝，批发上 1688”的电子商务前端，与淘宝网、支付宝等公司共同实现了阿里集团在电子商务产业链的协同作战。

"情定"纽交所：阿里巴巴美国上市

2014 年，美国时间 9 月 19 日上午，阿里巴巴正式在纽交所挂牌交易，股票代码为 BABA。截至当天收盘，阿里巴巴股价暴涨 25.89 美元，报收 93.89 美元，较发行价 68 美元上涨 38.07%，市值达 2314.39 亿美元，超越 Facebook（脸书）成为仅次于谷歌的第二大互联网公司。

9 月 19 日北京时间 21 时 30 分，阿里巴巴正式敲钟开市。因为交易量庞大，阿里巴巴创美股 10 年来开盘时间最长纪录，直到北京时间 23 时 50 分之后才出炉开盘价。开盘 92.7 美元，较发行价 68 美元高开 36.3%，阿里巴巴集团市值达到 2383.32 亿美元，至此，阿里巴巴执行主席马云的身价超过 200 亿美元，超过了王健林和马化腾，成为中国新首富。

据阿里巴巴招股书披露，马云占阿里巴巴 8.9% 的股份，以开盘价 92.7 美元计算，他在阿里巴巴的股份价值超过 200 亿美元，加上其他财富，他的身价可能达到王健林的近 2 倍。

国际货币基金组织公布的 2013 年世界各国 GDP（国内生产总值）排行榜显示，阿里巴巴总市值 2314.39 亿美元，处于第 44 位伊拉克和 43 位巴基斯坦之间，阿里巴巴之富可匹敌全球 100 多个国家。

其实，阿里巴巴的交易规模就可比肩某些国家的 GDP。比如，2013 年阿里巴巴集团的电子商务交易总规模为 1.542 万亿元人民币，占据了全国电商市场总规模的 84%，折算成美元是 2480 亿美元，相当于芬兰一年的经济总量。

飙升的股价也让阿里巴巴的市值一举超越 Facebook（脸书）、亚马逊、腾讯和 eBay，成为仅次于谷歌的全球第二大互联网公司。

银企合作：企业融资服务平台创新

为了创新融资服务平台，阿里巴巴大胆与各银行合作。

1. 与工商银行的合作

2005 年 5 月，建立了战略合作伙伴关系。

2006 年 5 月，坚定了整体合作框架协议。

2007 年 7 月，双方共同完成研究开发网上信用支付中介平台。

2. 和招商银行的合作

2005 年 6 月 22 日，签署银企战略合作协议；阿里巴巴网上支付工具“支付宝”和招商银行系统实现无缝对接。

3. 和建设银行的合作

2005 年 12 月 22 日，签署战略合作协议。阿里巴巴为建行用户推出了刷卡消费换淘宝购物积分活动。建行将为企业提供便利的付款服务。

4. 浦发银行

2006 年 6 月 2 日，签署银企战略合作协议；浦发为阿里巴巴首家推出了创新的电子邮件支付工具。

第十二章 百度——巧妙助力壮大自己

百度投资齐家网，加强布局生活电子商务

2010年12月7日，百度投资齐家网，推动齐家网成为国内最大的以装修、建材、家居为核心的非标准定制品和家居消费类电子商务平台。

齐家网是装修、建材、家居等垂直领域电子商务网站，当时已经在全国拥有28个分支机构，核心会员超过300万人。百度对其进行战略投资后，双方还进行了更深层次的合作。

百度之所以要和齐家网合作，主要是因为看重了B2C在中国的发展势头，在装修、建材、家居等电子商务领域，有着广阔的发展前景和成长空间，而齐家网作为领导者，完全符合百度整体投资战略规划。

双方的战略合作，对于齐家网来说，可以依托百度资源大力优化其电子商务模式并获得更快成长；对于百度来说，则彰显了百度以开放的行动构建生活电子商务生态圈的决心，为垂直B2C的发展带来了借鉴意义。

此番合作，通过百度在搜索引擎上的领先优势，以及齐家网在此行业中多年的经验与创新、贴心的服务，更多的消费者都会从中获益。艾瑞咨询的数据显示，2009年国内家居网络销售市场的交易总额为112

亿元！

百度投资 Android 手机刷机工具卓大师

2012 年 11 月 15 日，Android（安卓）手机刷机辅助工具卓大师获得百度战略投资，投资金额接近 5000 万元，并且此轮投资只有百度一家参与。

其实，卓大师刷机用户早在当年的 7—8 月就已经超过了 400 万人次，当时每天用户自行下载 ROM 和刷机的行为超过 5 万，用户增长非常快，只不过，活跃用户比例比不上工具类应用。卓大师在很早以前，就已经开始大力推广百度云。而在卓大师首页安卓刷机包一栏里，前四位均是百度 ROM 更新，在卓大师软件内，也有相关推荐。

在接受百度的投资后，对于百度的竞品，会出现排他性合作的可能。该轮融资主要被用在技术开发和软件推广，在盈利模式上不会做过多考虑。

其实，在这之前，网龙 91 无线和腾讯之前都与卓大师有过接触，和百度的洽谈此前也因为有摩擦而一度搁浅。卓大师之所以会最终选择百度，一方面是基于“有大树好乘凉”的考虑，另一方面此前腾讯也在和另一刷机工具甜椒有过接触。经过多轮谈判后，最终百度成为卓大师 B 轮的唯一投资者。

资料显示，卓大师是由软件应用开发团队 OPDA 开发出的一款 PC 端软件，是一款运行于 PC 端的 Android 手机刷机辅助工具。其开发团队曾开发过安卓优化大师、沃达上网管家等安卓应用，曾接受君联资本的 A 轮融资。

百度投资金山网络抵御 360 进攻

2013 年 1 月 14 日，百度 360 大战后的余波仍在继续，百度战略投资金山网络，双方已基本谈得差不多，只差法律文件盖章。百度之所以要这样做，主要目的是为了扶持360在安全领域的对手，构筑搜索领域的防火墙。

百度360大战后，百度与金山网络开始了高层接洽。不过，百度投资金山网络并非为外界传言的控股，而是战略投资。其实，早在百度360大战后就有行业人士建议：百度应该战略投资搜狗或金山网络，并通过“财散人聚”的方式，尽量减少360根基稳固后可能收服的中小网站；百度还应建开放软件平台，高调给软件开发者提供技术支持。

与谷歌达成合作后，360网罗渠道，低调联络和招募渠道代理商，进一步威胁到了百度在搜索领域的地位，百度早已将360视为最大对手，扶持360的对手也成为百度的必然。

对金山来说，有一个强大对手并非坏事，打不过360，就与360一同成长。在360与腾讯、百度的较量中，金山网络成为一个平衡力量；只要不断获得360对手扶持，就会获得更大成长机会。可能对于360来说，腾讯和百度都很强大，但对于金山网络来说360也很强大，360每一步发展，都会带动金山网络的发展。

百度投资百分之百数码科技有限公司

深圳市百分之百数码科技有限公司成立于2006年，凭借“小额直供模式”，已经成为移动终端领域的一匹“黑马”。百分之百公司的“小额直供模式”，主要是用互联网的方式给遍布全国的中小城市手机店提供小批次的直接供货，有效地帮助中小手机店面解决了供货难的问题，消除了层层代理环节。

2013年11月6日，百度战略投资深圳市百分之百数码科技有限公司，成为其最大的战略投资者。百分之百公司是国内移动互联网创新服务提供商，为旗下近7万家门店提供一站式的终端直供服务。

百度之所以要对百分之百公司进行战略投资，主要是为了加强百度云智能终端平台与硬件厂商和B2B渠道的结合，发挥百度云的技术优势、百分之百的优势，完善移动云生态。

自2012年6月以来，百度便加速了在百度云智能终端平台投入和产品改进，经过一年的快速发展，百度云智能终端平台支持手机超过50款。此前，百度就与百分之百紧密合作，已经先后推出过多款搭载百度云智能终端平台的智能手机。

百度移动云开放战略的关键在于，向合作伙伴输出技术能力，从可穿戴式设备到手机硬件厂商合作，都是构建移动云生态的积极举措。此次百度战略投资百分之百公司，不仅可以使百分之百的研发能力提升，更能完善百度在硬件和渠道的布局。

百度入股糯米网争“小三”地位

2013年8月23日，百度和人人公司宣布达成最终协议，百度向人人公司旗下的糯米网战略投资1.6亿美元，获得约59%的股权。

1. 交易价格略贵，但估值处在合理范围

关于此次战略控股，首要的问题是交易价格是否合理。

糯米网的估值可以从市场地位、增长速度、盈亏情况、移动端实力等方面考虑，再参考已经上市的美国团购鼻祖的相关数据及市值。此次百度以1.6亿美元获得约59%的股权，糯米网估值为2.7亿美元；从各方面的指标来看，2.7亿美元依然有些偏高，但在合理范围。

其次，是市场地位方面。2013年第二季度糯米网官方公布的总流水为1.2亿美元，真实的交易额约1亿美元，不够美团网的1/4及大众点评团的

1/2，糯米网不具备市场领先地位。从成长性来看，2011 年糯米网营收 646 万美元，2012 年增长 155% 达到 1645 万美元，2013 年上半年为 1131 万美元、全年预计在 2500 万美元左右，2013 年和 2012 年相比增幅会在 50% 左右，糯米网增长速度一般，同样比不过美团及大众点评团。

盈亏方面，目前糯米网的亏损幅度依然很大，净亏损要高于营收，短期实现盈利的可能性几乎为零。

在具有战略性的移动端方面，目前糯米网号称有近 30% 的销售额来自移动端，大体处于行业平均水平。

考虑到 Groupon（高朋）在美国有绝对的市场领先地位，在移动端方面也更有优势，糯米网合理的估值应该在 2.5 亿美元以下，当然中美国情不同，百度也确实想增强在 O2O（线上到线下）领域的实力，2.7 亿美元处在合理范围之内。

2. 百度出于防御心态，目标是打造 O2O 大平台

百度是一家卖流量的公司，想要长期卖流量赚钱，就要有市场的割据纷争，好让自己从中坐收渔利。

目前，中国 O2O 市场依然处在早期发展阶段，但团购市场格局已基本形成，强者越强的现状并不是百度乐见的。百度担心，美团网或大众点评网一旦发展为 O2O 领域的巨头，就会形成自己的生态系统，届时对百度的依赖会减弱，百度在团购领域卖流量赚钱的做法将难以持续。

百度把团购导航升级，让消费者在百度团购上完成一站式消费，不仅是为了积累生活服务消费数据，在一定程度上也是为了防御。此次控股和扶持糯米网，也是出于防御的心态。

百度最终的目的是基于地图打造 O2O 大平台，绕开团购网站直接引进线下商户入驻。O2O 和传统电商不同，即使是做开放平台也需要有较强的线下

能力，尤其是现在线下服务商户还处在需要大力培育的阶段。

百度有巨大流量，但其线下能力不强。百度团购有一部分自营业务，其团队也在做线下商户拓展，但推进速度和效果不太理想。百度控股糯米网，看重的是糯米网的线下能力；百度想通过糯米网增强自己的线下实力，通过其线下团队培育商户，逐渐把成熟的商户引入自己的大平台。

3. 糯米网可借力百度争夺“小三”的位置

糯米网从创立开始就是为提升人人公司的股价服务的，但 2011 年和 2012 年糯米网分别亏损 2400 万美元和 2700 万美元后，逐渐由“未来的希望”变为人人公司“现实的包袱”。加上 2013 年后人人公司各方面的情况不甚理想，糯米网只好被出售。

客观地讲，糯米网三年的发展不算太差，还处在团购前 5 名的名单里，但糯米网的发展没有达到预期的目标。为了追求资本回报，为了减轻人人公司的亏损，必然会积极推进和促成此次交易。

糯米领导者希望，引入百度后能提升糯米网的行业地位，并产生协同效应。可是，对于糯米网来说，背靠百度虽然可以保障其短期内无倒闭或被抛弃的风险，但要想去逆袭美团和大众点评难度太大，需要的资金资源将是非常巨大的。

糯米网更现实的定位是，和拉手网及窝窝团争夺“小三”的位置。目前，糯米网在城市数量上和其他几家有一定差距，需要尽快布局。实物团购是一种为了短期利益而牺牲长远发展的做法，需要格外谨慎。

百度投资 Uber，与腾讯、阿里巴巴形成“三国杀”

阿里巴巴、腾讯投资打车软件一年多之后，百度也终于入局，国内打车

App（软件）的竞争双寡头时代终结。2014 年 12 月 17 日，百度宣布投资美国叫车 App Uber（优步），正式与腾讯滴滴打车、阿里巴巴快的打车形成“三国杀”。

很多业内人士都认为，百度以 6 亿美元投资 Uber，意在拓展百度钱包的支付场景，而 Uber 获得百度投资也能改善入华后的水土不服。

1. 百度迟到被指保守

百度在 2014 年 12 月 17 日宣布投资美国叫车 App Uber。Uber 创始人兼 CEO Travis Kalanick 此前在公司博客中宣布完成 12 亿美元融资，预留 6 亿美元给“战略投资者”。消息交叉指向，百度即是携 6 亿美元入局打车软件的战略投资者。

2013 年 6 月，腾讯与阿里巴巴几乎在同一时间分别宣布投资滴滴打车与快的打车。时隔一年多，百度才宣布投资打车软件，这多少显得有点“慢条斯理”。

这是百度一贯的风格，百度的投资一向保守。不过，百度入局打车软件的野心从 2013 年年初就已经显露，百度开始在地图 App 上集成了打车功能。不过，在滴滴打车与快的打车掀起“烧钱大战”时，百度一直保持沉默。

打车软件弹药满膛，“烧钱火并”一触即发。2012 年 12 月 9 日，滴滴打车宣布获得新一轮超过 7 亿美元的融资，由腾讯、淡马锡和 DST（互联网市场投资商）主投。在业界看来，滴滴打车、Uber 相继获得新一轮的高额融资，将预示重新开战。

2. 百度 Uber 各取所需

业内认为，从战略投资层面来说，Uber 与百度双方都能获益。

对于 Uber 来说，能与熟知中国本地习惯与沟通的合作伙伴来帮助其开拓中国市场也是相当必要的，至少百度地图上集成的打车功能就能够为 Uber 带来巨大的流量。中国互联网信息中心发布《2014 中国网民搜索行为研究报告》显示，截至2014 年6 月，用户在手机端同样习惯于使用百度地图，手机端百度地图的常用率达到了66.3%，是排名第二位的高德地图常用率的4 倍以上。

而对于百度来说，其正在大力布局移动支付和O2O 市场，但其推广百度钱包最大的软肋是缺乏支付环境，一旦百度战略投资 Uber，并将百度钱包接入进去，其支付场景将极大丰富。百度对 Uber 是纯财务投资，如果采用百度地图为 Uber 引流确实能获得巨大的流量，但引流量并不等同于活跃用户数量，打车软件的体验效果会影响到用户的黏性。

第五部分　运营模式之战

第十三章　腾讯——战鼓催征，做好推广

腾讯网络营销模式及推广方法

腾讯的商业模式很难简单地说清楚，目前腾讯已形成了即时通信业务、网络媒体、无线和固网增值业务、互动娱乐业务、互联网增值业务、电子商务和广告业务七大业务体系，并初步形成了“一站式”在线生活的战略布局。

腾讯公司的网络营销模式主要体现在以下方面。

1. 无线短信服务

移动 QQ 自 2000 年推出以来，使用过的用户人数超过 600 万，是中国最具特色和影响力的无线短信服务。

另外，腾讯公司还陆续推出了非常 QQ 男女、QQ 蜜语一呼通、QQ 加油站、手机和声讯申请 QQ、铃声图片下载、自写短信、短信订阅等多种服务，使腾讯公司的无线业务在规模和特色方面始终走在行业前沿，形成了腾讯公司现阶段的主要营收来源。

2. 基础增值业务

腾讯公司以腾讯 QQ 为中心，为广大用户打造了各类个性化增值服务，

包括 QQ 会员服务、号码服务、QQ 交友中心、QQ 秀等几大服务内容。

QQ 会员是腾讯公司打造个性化服务的开端，号码服务、交友中心、QQ 秀的推出进一步体现了对网友个性化需求的不断满足，也将功能和时尚结合得更为紧密。在探索用户需求的过程中，腾讯寻求到了用户的商业价值。

3. 企业 IM 服务

企业 IM（即时通信）软件 RTX 是腾讯公司推出的商用即时通信软件，可以帮助企业提高员工办公效率，加速企业内部，企业与客户之间的信息流通。它是即时通信服务商用化的开始，并标志着腾讯公司的服务从个人向企业进一步扩展。

4. 广告服务

腾讯公司拥有腾讯 QQ、腾讯网站等多种网络广告载体，广告形式多种多样，包括：动画、客户端广告、系统广播、浮动广告等，能够满足各类客户的市场推广需求，充分体现各种产品的特点和个性。

腾讯 QQ 的用户几乎囊括了所有接触网络的年青一代，形成了一种巨大的群聚效应。腾讯 QQ 十亿次的最高广告曝光量更是令其他广告媒体望尘莫及。在各大门户中，腾讯公司广告营收总额排在第五位，仅次于三大门户和 21CN，是腾讯公司的第二大营收来源。

腾讯是一个聚集年青一代的最好的信息、休闲、娱乐平台，同时也打造了一个商家通过广告与用户进行互动的平台，成为良好的广告载体。其用户端小广告每日曝光总量平均在 10 亿次以上，最高达到 12 亿次，平均曝光 4000 万 ~5000 万次，最高 8000 万次。这是当前国内任何一家网站的单独频道都无法比拟的。

5. 品牌授权

腾讯公司通过与广州东利行企业发展有限公司合作为开端，开发了以QQ形象为主体的服饰、动漫产品。腾讯QQ正在逐步成为国内最著名的卡通品牌，并向科技领域延伸。

QQ软件、形象已经进入到PC、DVD、移动硬盘、摄像头等终端产品。目前QQ卡通专卖店已经做到120家，除了QQ卡通玩具、服饰之外，腾讯还准备推出独立的衍生品牌——Q Gen，放大QQ的品牌外延，纵深发展服装产业，在合作模式上，腾讯坐享10%以上的代理费分成，构成腾讯公司的第四大营收部分。

从休闲游戏到大型网络游戏和竞技游戏

网络游戏以其广泛的受众人群，强付费意愿和极高的ARPU（信息处理装置），已经成为互联网行业最广泛使用的变现方法，腾讯当然不会忽视游戏这个巨大的市场！

腾讯游戏是腾讯四大网络平台之一，是国内最大的网络游戏社区。腾讯游戏采取内部自主研发和多元化的外部合作两者结合的方式，已经在网络游戏的多个细分市场领域形成专业化布局并取得良好的市场业绩。

2003年，腾讯推出QQ游戏客户端试水休闲游戏市场，并很快通过弹窗和门户推广的方式，超过了市场份额第一的联众。同时，结合“Freemium”蓝钻会员和“虚拟商品销售”的商业模式，在休闲游戏扩大用户的基础上，逐步实现了盈利。2004年8月，QQ游戏同时在线人数已经达到了62万人，成为第一大休闲游戏门户。

2004—2007 年，腾讯陆续推出了“QQ 幻想”“QQ 宠物”“QQ 音速”“QQ 三国”等游戏，逐步从休闲游戏延伸至大型网络游戏和竞技游戏等对抗性更激烈、付费意愿更强、价值空间更大的领域。并通过代理、自研、收购的方式进一步推出了大批游戏，为日后的盈利打下了重要的基础。

在游戏这个行业的关键竞争要素里，决定游戏品质的开发团队属于轻资产，变现方式也很容易在用户量达到一定数量后进行模仿，二者都不是稀缺资源，只有推广渠道需要花重金、用较长时间打造。尤其是在参与者猛增的市场环境下，推广渠道的资源就显得尤为珍贵。

盛大、完美等专业游戏公司，虽然具有先发优势，但随着互联网巨头的加入，把持互联网入口的渠道资源开始在竞争中发挥作用。在游戏品质丝毫不弱、变现方式相同的情况下，拥有低成本推广渠道的互联网公司开始超过盛大、完美等。到 2012 年，市场排名前两位的公司已经变成了腾讯和网易。排名的变化充分显示了关键资源对于市场格局的影响力。

此时，已经拥有客户端和门户两大入口的腾讯，在推广渠道资源上得天独厚：客户端基本实现了对用户桌面的包围，门户网站的中国排名仅次于百度。这些流量入口发挥了重要作用，让腾讯游戏的推广渠道变得无比强大而低成本。再加上公司上下对游戏业务的重视，以及一贯的产品经理文化，让其在游戏品质上提升很快。到 2007 年，腾讯游戏基本大成。

2008 年推出的“穿越火线”和“地下城与勇士”两款游戏，更是在日后表现出了惊人的盈利能力。在 2011 年的年报中，这两款游戏的营收占腾讯 50 亿美元总营收的 35%。极强的盈利能力带来的资金积累，为腾讯的发展提供了更多的战略选择空间。

从博客到微博

1. 博　客

腾讯博客也就是广大网民们平日所称的QQ空间，随着QQ空间的功能完善，腾讯随即对部分用户进行博客升级。升级之后的空间就会列入腾讯名博行列。自从2007年赵薇博客落户腾讯后，腾讯博客也进入了名人博客行列。

2005年，博客开始流行，由于其用户生产内容的特性非常符合“去中心化”的互联网精神，很多风投纷纷加入，“博客中国”和“博客大巴”等网站一时风光无二。很快，新浪、搜狐等以其更符合中国人阶层感阅读习惯的“名人博客”战略，取得了阶段性胜利，成功守住了自己门户网站的主业。

此时在流量上已经是中国第一大门户的腾讯，自然不会轻视博客。它的防御方式更为简单粗暴却非常有效——直接为所有QQ用户在面板上开通一个QQ空间。QQ海量高交互用户的资源在此发挥作用，QQ空间的用户量轻松过亿，悄然成为全球第一大博客。到2008年3月，QQ空间的单月活跃用户已过亿，遥遥领先于新浪和校内网（现更名为人人网）等。

博客作为一项单独的业务，一直没有摸索出合适的、价值空间足够高的商业模式。而在微博等更适合个人发布信息的平台出现后，更是逐渐走向衰弱，变成一项门户网站的标配。但QQ空间却走出了一条不一样的发展道路！

首先，在人人网、开心网等SNS（社交网络服务）的冲击下，在原本日记、音乐的基础上，又增加了QQ农场游戏等其他内容，摇身一变成为了腾讯的SNS。甚至，在很长时间内，其用户数都一直超过Facebook（脸书），成为全球用户数第一的社交网站。

之后，QQ 空间与从 QQ 校友转型过来的腾讯朋友一起，以其社交属性及 6.8 亿的活跃用户量，为日后的开放平台打下了基础，成为今日重要的盈利来源。2011 年，QQ 空间的分成收入，已经和“穿越火线”以及“地下城与勇士”一起，成为腾讯前三大利润来源。

当然，腾讯也绝非战无不胜！在互联网的另两大领域搜索和电商，它的扩张遇到了强有力的阻击。除了进入的时机晚、战略上的迷失和执行层面的失误外，也和这两个领域的领先者同样强大有关。阿里巴巴和百度在各自领域的用户体验、技术实力、用户习惯培养、数据积累、产业布局和生态企业培养等多个方面遥遥领先于腾讯，并且牢牢占据住了各自领域的流量入口。这时候，在这两个领域所推出的“财付通”和“搜搜”，为腾讯旗下的其他业务提供了强有力的支持。

2. 微　博

腾讯微博是一个由腾讯公司推出，提供微型博客服务的类 Twitter（推特）网站。用户可以通过网页、手机、QQ 客户端、QQ 空间以及电子邮箱等途径使用腾讯微博。主要的产品与服务有以下几项。

（1）本地上传视频

加上上传本地视频的功能后，来自优酷、土豆、凤凰视频、56 等网站视频可直接播放。

（2）开放式上墙服务上线

腾讯微博开放式上墙 1.0 上线，一般企业在有电脑和投影仪的情况下也可以在自己的活动中用腾讯微博上墙。

用户还可以对上墙页面显示方式进行设置，前台消息展示可以选择普通模式、单条显示、固定高度，工具条可以放在下方或者右方，放在右方的情况是为触摸屏准备。腾讯微博还提供了 10 种颜色皮肤可以供用户自行选择。

（3）腾讯微博开放平台

是一种基于腾讯微博系统，为广大开发者和用户提供开放数据分享与传播的平台。广大开发者和用户登录平台后，就可以使用平台提供的开放 API（应用程序编程接口）接口，创建应用从微博系统获取信息，或将新的信息传播到整个微博系统中，丰富多样的 API 接口和应用。

从“全面自有”到“培养生态”

为了配合开放平台的商业模式，腾讯“依靠自有产品进行扩张而非投资或收购”的指导方针也随之发生转向，逐渐向“对应用开发者开放，帮开发者赚钱”和“培养生态”转变。原先的“模仿先行者”和“微创新赶超”等部分受到了抑制，而转为“做好基础服务”和“鼓励开发商创新”。

在电商 B2C 领域，腾讯由收购易迅取代自有的 QQ 商城。在团购领域的体现尤为明显，扩张方式分别为：自有的 QQ 团购、投资的 F 团和 Groupon（一个团购网站）合作的高朋网。在垂直电商领域，腾讯采取投资方式来扩张；而在基础平台领域，如 SNS、微博等，则依然以自有产品扩张为主。很显然，战略的扩张与收缩受到了开放平台商业模式的影响。

打造“全产业链开放平台”

从本质上来说，开放平台是平台的基础资源和应用企业创新力相互激励的正向循环过程。无论是“Wintel”联盟（微软与英特尔的合作），还是 IBM、思科、谷歌都最终演变成了平台型企业。苹果把开放平台模式发挥得淋漓尽致，而互联网新秀 Facebook 和 Twitter 更是依靠开放平台模式得以迅速成长。

腾讯在发展早期所依赖的“移动梦网”SP（移动网增值业务经营许可证）模式，其实也是一种开放平台。只不过，当时平台是“移动梦网”，而腾讯是平台上的服务提供方。直到今天，腾讯依然是中国移动平台上最大的SP。

腾讯走向开放平台之路适应了自己快速增长的要求。腾讯是一家消费者需求驱动的公司，需要靠自身不断推出新产品来满足新需求，实现增长。这样的增长方式在发展到一定体量之后，就会遇到成长极限。

首先，不断推出新产品的增长方式，必然会挤压同行企业的生存空间，尤其是那些中小型创业企业。这必然要求企业转换至一种和环境更融洽的成长方式。

其次，用户的需求正在逐步走向多样化和个性化，无法以内部产品的方式完全满足。只有以开放平台的形式和外部的利益相关者结合，才能更好地覆盖长尾需求。

最后，腾讯的竞争对手阿里巴巴、百度、360、新浪、盛大和人人网等纷纷走向开放，利用自身在强势领域的资源，吸引应用企业加入，增强生态系统的竞争力。因此，走向开放是不可避免的战略选择。

其实，在开放转型开始之前，腾讯已经拥有了数百种产品。因此，腾讯的开放平台和Facebook、360等开放方式相比具有显著的特点，即多平台开放。2011年6月，腾讯公布了腾讯朋友、QQ空间、腾讯微博、财付通、电子商务、腾讯搜搜、彩贝以及QQ八大开放平台，随后平台的数量不断增加，目前已经大大小小近30个开放平台。

在这些平台上，由腾讯负责基础建设和吸引流量，开发商负责提供应用和内容，然后收入进行分成。此外，腾讯还根据中国市场特点及自身资源能力，为开放平台开发商提供了账号、推广资源、计费方式、数据分析等一站式服务。

多平台开放的战略虽然会带来一定管理协同上的难度，但却会在入口层面发挥很强的协同效应。例如，游戏开发者可以一次性开发就将游戏发布到腾讯朋友、QQ 空间、腾讯微博、腾讯游戏、3366 等 API（应用程序编程接口）相同的多个平台，增强游戏和用户的接触面。而中小网商也可以一次注册，将商品发布至腾讯拍拍、QQ 网购、彩贝、QQ 团购和财付通等多个电商开放平台。

多平台的战略更让腾讯可以介入产业链的各个环节。在开放之前，腾讯的产品服务多为自有，转为开放之后，其多个开放平台覆盖了互联网应用的各个环节，腾讯便采取了全产业链的开放平台战略。

一个典型的开发者可以用“腾讯云”平台来做云服务器；在 QQ 空间、腾讯朋友、腾讯微博、Q + 平台、QQ 游戏、腾讯应用中心等应用平台发布应用；用 QQ 即时通信软件、QQ 空间、腾讯朋友、腾讯微博等社交工具开展“召唤老朋友、提醒、邀请、挑战、炫耀、好友请求”等社交营销；也可以用腾讯推出的广告系统“广点通”，在社交平台的广告位上高效率地发布广告，或者在平台上的应用之间开展交叉推广……在腾讯一家的平台上，开发者完全可以完成以上所有行为，自己只要专心做好应用和内容即可。

除此外，腾讯还进一步成立了中国互联网公司规模最大的“互联网共赢产业基金”，规模已达 100 亿元。这就为平台上的应用企业提供了资金的支持，达到了培育优秀内容、“占据源头”的目标。

腾讯在自组产业资本的同时，还作为 LP（有限合作人），对创新工场、俄罗斯投资巨头 DST 旗下的基金进行了出资，并且和 Gree（日本的　社交网站）、DCM（专注早期投资的风险公司）、KDDI（日本的电信运营商）等共同建立 A – fund 基金。和这些优秀 VC（风险投资）的合作，保证了腾讯能利用其投资能力和资源，提高自身的投资成功率；更能加强和这些 VC 的被投企业之间的产业合作，拓展自身的投资范围。

多个开放平台涵盖互联网应用产业链的各个环节，对于提升整体生态体系的竞争力，有着积极的作用。和新浪微博、人人网等开放平台相比，腾讯在入口的丰富性和全面性上要远远胜出；而和360、百度、盛大等相比，腾讯的账号体系和背后的社交关系让它可以提供一站式登录和社会化营销推广，更丰富的产品线让它可以提供更强的支付手段和地图、音乐等API。正如马化腾所说："开放不仅是一种姿态，更是一种能力。"

"一横一纵"：互联网业务的多元化发展

目前，腾讯依托庞大的用户资源，利用本地化优势，已经确立了坚持"一切以用户价值 为依归，发展安全健康活跃平台"的战略，在营运和服务上丰富和提高用户体验。

腾讯形成了"一横一纵"的发展模式，即原有的即时通讯工具腾讯QQ和QQ. com门户网站从两个维度叠加包括MMS（多媒体消息服务）、WAP等在内的无线增值服务，包括网络游戏在内的互动娱乐服务，以及包括多媒体、音乐、电子杂志等在内的网络内容服务，包括C2C、拍卖在内的电子商务，实现互联网业务的多元化发展。

作为公司的两个基础平台，根据最新数据，腾讯QQ的注册账户数已经突破了4亿，活跃用户突破1.5亿，同时最高同时在线账户数也已经突破了1500万大关。QQ. com则在中国门户排名第4位，全球访问量排名第13位。

腾讯正在努力构筑一个"大而全"的互联网王国，建立一种"在线生活"模式及体验，使网民到达腾讯后可以享受"一站式"服务。在这个模式里，可以提供一种可信任的和随时沟通的网络环境，用任何终端、任何接入方式，都能满足网民日常生活中的基本需求，真正通过互联网的服务提供人类的生活品质。

布局移动端：微信带来的颠覆

腾讯在移动端的产品布局延续了其在传统互联网上的“孵化”和“赛马”战略。不仅应用了PC端、Web端上的优势，如QQ、QQ游戏、QQ音乐、腾讯新闻向移动终端平移，以统一账号和云服务加强用户黏性和体验外，还开发了数量很多的移动终端特有产品，如应用宝、腾讯手机管家、QQ通讯录、QQ阅读以及各种移动终端游戏等。

虽然已经在各种移动终端和操作系统上推出了上百种产品，但目前其对腾讯营收的贡献非常之小。它们的存在除了占据移动端上流量入口外，腾讯更希望以“赛马而不相马”的方式培养出新的平台级应用。其中，最为引人瞩目，而又出乎意料的当属微信！

第十四章　阿里巴巴——巧布局才能打胜仗

B2B 逐渐成型："会员费 + 增值服务"模式

2010 年 8 月 10 日，阿里巴巴网络有限公司公布了截至 2010 年 6 月 30 日未经审计的三个月及半年度中期业绩，"会员费 + 增值服务"模式使阿里巴巴的业务和客户取得了强劲增长。资料显示，2010 年上半年，阿里巴巴注册会员数持续强势增长，上半年增加了 570 万名注册用户，较 2009 年上半年注册用户数增加了 1066 万名。

阿里巴巴两个交易市场的付费会员数继续大幅增长，截至 2010 年 6 月 30 日，阿里巴巴的付费会员达到 712867 名，较 2009 年第二季度末上升 34.1%，较 2010 年第一季度末上升 8.2%。其中，中国供应商会员数达到 105810 名，较去年同期上升 50.2%；中国诚信通会员数在第二季度净增 51821 名至 593498 名，较去年同期上升 34.3%，创单季度诚信通会员净增最高纪录。

付费会员数的持续稳健增长和多项新业务举措的推出，让中国交易市场增长强劲。阿里巴巴付费会员的加速增长，不仅增加了会员费和增值服务的收入，还提升了规模效应，提高了利润率。同时，阿里巴巴在国内市场还推出了一些新的增值服务，如精准营销、询盘管理等。随着增值服务种类的不断丰富，以及会员对阿里巴巴增值服务价值的肯定，增值服务的渗透不断提高。

“会员费 + 增值服务”模式是阿里巴巴业务及客户取得长期成功的关键，小企业只要按照自己所需购买合适的增值服务，就能够轻易地凭借电子商务掌握商机，提升市场竞争力。如今，两个交易市场的增值服务渗透率正稳步上升，这些服务对客户是具有价值的。

从 B2B 到 C2C：布局淘宝

2003 年年初，在阿里巴巴 B2B 核心业务赢利稳定后，为了寻找新的增长点，马云开始了日本之行。孙正义不仅为马云团队讲述了雅虎日本的商业模式，还介绍了雅虎日本战胜 eBay 日本的原因。孙正义表示，既然雅虎日本能凭借本土化策略在日本 C2C 市场胜出，阿里巴巴同样能在中国成功。日本之行坚定了马云推出 C2C 业务的决心，马云觉得，C2C 的推出也是“通过进攻来防御”的需要。

2003 年 5 月淘宝成功上线，7 月阿里巴巴宣布 1 亿元人民币投资淘宝，11 月推出网上实时通信软件贸易通（现在的阿里巴巴旺旺）。当时，淘宝在 C2C 市场上的主要竞争对手是 eBay 易趣。可是，这并没有阻止淘宝的发展，凭借“免费模式”的推出，以及对于用户体验的关注和提升，淘宝网迅速聚拢了人气。

2005 年 10 月，阿里巴巴宣布再向淘宝网投资 10 亿元人民币，淘宝网继续免费 3 年。从市场份额来看：2005 年年底淘宝 C2C 市场份额 57.74%，eBay 易趣 31.46%，拍拍网 3.76%；2008 年年底淘宝 C2C 市场份额 86%，拍拍网 7.2%，eBay 易趣 6.6%。

随着淘宝网的快速发展，在线购物支付中的信用与安全问题越来越突出，阿里巴巴开始寻求打造自己的支付模式。2003 年 10 月，支付宝上线。

支付宝采用的是担保交易的模式，买家先把钱打给支付宝，当收到购物用品并检查无误后，再通知支付宝付款给卖家。担保交易彻底打消了网购用户的担忧，让购物变得简单高效，一经推出便受到了广泛欢迎。

2004 年 12 月，阿里巴巴成立了支付宝公司，支付宝网站上线并独立运行。据艾瑞数据显示，截至 2010 年 12 月，支付宝注册用户数突破 5.5 亿，日交易笔数达到 850 万笔。

3.0 时代：C2B 应运而生

在重重危机重压下，阿里巴巴适时进行了调整。2012 年 7 月 23 日，阿里巴巴宣布了新“七剑”架构调整——淘宝、一淘、天猫、聚划算、阿里巴巴 B2B 和阿里巴巴云 6 大子公司，被重新调整为淘宝、一淘、天猫、聚划算、阿里巴巴国际业务、阿里巴巴小企业业务和阿里巴巴云 7 大事业群。

阿里巴巴 B2B 的中小企业，可以通过淘宝、一淘、天猫、聚划算，与消费者实现对接。阿里巴巴云在打通底层数据中发挥着基础性作用，最终形成了一个有机整体：消费者—渠道商—制造商的 CBBS（一种新的电子商务服务模式）市场体系，加速了 One Company（一家公司）目标的推进，把阿里巴巴中小企业和淘宝市场体系有效结合在了一起。

在这样的架构和思维下，出现了一个新概念——“C2B”。B2C 模式是传统工业经济时代的运作模式，随着互联网的发展，未来的商业模式中定制会是主流，这就是“C2B”，它对背后商业运作的要求是个性化需求、多品种、小批量、快速反应、平台化协作。

由此可见，所谓 C2B 模式其实是阿里巴巴 CBBS 体系的概念化，代表了一种典型的 IT 式思维。互联网的出现使得定制的信息传递效率更高，边际成本更低，可是定制是否能够成为主流，并不是由某种技术决定的，而在于消费者的心智。

在多数时候，消费者并不知道自己需要的是什么，除非你把它们设计出来摆在他们的面前，让他们比较和选择。即使在网络高度发达的今天和可预见的未来，定制仍然将是非主流，这是由人类的本性决定的。当然，值得肯定的是，互联网的出现让企业可以比以往更快、更全面、更深刻地跟踪和理解消费者，把握消费趋势。

幸运的是，概念和对概念的认知本身并不会妨碍阿里巴巴继续前进的步伐，因为阿里巴巴已经在调整姿态适应新的环境。更为关键的是，阿里巴巴打造的是一个生态系统，在此系统中，阿里巴巴的电子商务会自行发展和进化，新的物种会在平台上不断涌现，新的模式也将在此体系中自我调整、自我修复和自我进化，定然会形成真正的新商业文明。

支付宝：解决电子商务的支付问题

支付宝是由阿里巴巴公司为网络交易提供安全支付服务的第三方支付工具，通过支付宝可以安全、简单地完成网上支付，买家可以选择支付宝付款、卖家可以使用支付宝收款。对于经常在淘宝网“淘宝”的朋友来说，可以登录 http：//www. alipay. com/免费注册支付宝，而且还可以进行账户提现、账户充值。

支付宝的产品服务主要包括以下几项。

1. 使　用

使用支付宝支付服务需要先注册一个支付宝账户，分为“个人账户”和“企业账户”两类。在支付宝官方网站或者支付宝钱包注册均可。

2. 认　证

用户使用支付服务需要实名认证，这是央行等监管机构提出的要求。实名认证后，可以在淘宝开店，增加更多的支付服务，更重要的是有助于提升账户的安全性。实名认证需要同时核实会员身份信息和银行账户信息。

3. 钱　包

支付宝可以在智能手机上使用，该手机客户端为支付宝钱包。支付宝钱包具备了电脑版支付宝的功能，因为手机的特性，内含更多创新服务，如“当面付”“二维码支付”等。还可以通过添加“服务”来让支付宝钱包成为自己的个性化手机应用。

4. 安　全

支付涉及用户的资金安全，因此遵循官方的安全规范至关重要。比如：安全控件、短信校验服务、数字证书、第三方证书、支付盾、宝令、宝令手机版、安全保护问题、安全策略、手机安全设置等。几乎所有的支付服务都可以使用支付宝，从购物到水电、燃气缴费，且正有部分取代现金的趋势。

5. 还　款

2009 年 1 月 15 日，支付宝推出信用卡还款服务，国内 39 家银行发行的信用卡均支持，是最受欢迎的第三方还款平台。

主要优势：免费查信用卡账单、免费还款，还有自动还款/还款提醒等增值服务。2014 年第一季度，76% 的人还信用卡是用支付宝钱包完成的。

6. 转　账

通过支付宝转账分为两种：第一种，转账到支付宝账号，资金瞬间到达对方支付宝账户；第二种，转账到银行卡，用户可以转账到自己或他人的银行卡，支持百余家银行，最快两小时到账。可以使用支付宝钱包，免手续费。

7. 缴　费

2008 年年底开始，支付宝推进公共事业缴费服务，已经覆盖了全国 300 多个城市，支持 1200 多个合作机构。除了水电煤等基础生活缴费外，还扩展到交通罚款、物业费、有线电视费等更多与老百姓生活息息相关的缴费领域。

常用的在线缴费服务有：水电煤缴费、教育缴费、交通罚款、有线电视费等。

8. 服　务

在支付宝钱包的“服务”中添加相关服务账号，就能在钱包内获得更多服务，包括：银行服务、缴费服务、保险理财、手机通信服务、交通旅行、零售百货、医疗健康、休闲娱乐、美食吃喝等 10 多个类目。

区别于其他公众服务平台，服务窗具有天然的支付基因、超亿的支付用户群体，以及严格审核的商户服务，因此服务窗有着更大的生态价值。

“阿里巴巴软件”：发展策略与前景分析

阿里巴巴软件（上海）有限公司（以下简称：阿里巴巴软件）是中国最

大电子商务网站阿里巴巴集团继成立“阿里巴巴”“淘宝”“支付宝”“雅虎”后，于2007年1月8日成立的第5家子公司，致力于为中国4000多万中小企业提供买得起、用得上、用得爽的在线软件服务。

阿里巴巴软件集阿里巴巴8年电子商务经验结晶，通过与全球软件巨头微软公司达成战略合作，充分整合利用互联网、通信和软件的聚合优势，站在软件行业的技术尖端，以“让天下没有难管的生意”为使命，将电子商务与在线软件服务融为一体，彻底颠覆了中国传统软件靠卖产品为中心的模式，为中小企业提供“最方便、最灵活、最简洁和最便宜”的一站式在线软件工具。

在竞争日趋激烈的中小企业市场，谁掌握了先进的工具，谁就能获得先机。阿里巴巴会在未来为中国4000多万中小企业提供更多、更好、更方便的商务软件，让各中小企业迅速进入到高效率的管理和交易流程中，创造更多的财富，获得更多的价值。

1. 产品介绍

（1）淘宝版

阿里旺旺2008淘宝版，是阿里巴巴软件为淘宝用户量身定做的免费沟通工具，用户可以轻松地与买家、卖家和朋友交流，同时还提供音乐、杂志等免费附加功能。

（2）客服版

阿里旺旺2008E客服版（E客服专用）是阿里巴巴软件为淘宝卖家量身定做的免费软件，通过它不仅可以轻松地与买家交流，还可以发布、管理宝贝。如果淘宝卖家购买了阿里巴巴软件网店版的E客服功能，就可以下载此版本。

（3）贸易通版

阿里旺旺2008贸易通版，是阿里巴巴为商人量身定做的免费网上商务沟通软件，可以帮助企业轻松找客户，发布、管理商业信息；及时把握商机，随时洽谈做生意。

（4）阿里旺旺 2008

阿里旺旺 2008 是在过去的阿里旺旺（淘宝版）、阿里旺旺（贸易通版）等基础上创新的一款新即时通讯软件，不仅支持阿里巴巴旗下各个网站用户之间的互通交流，还支持和雅虎通用户的交流。除此之外，阿里旺旺 2008 还具有全新的界面、更强大的功能。

2. 发展模式

（1）企业服务

基于国际最新的 SaaS（软件即服务）模式，阿里巴巴软件充分利用互联网，中小企业用户对软件可以先尝试后购买，用多少付多少，即插即用，低成本在线。

同时，还可以根据行业、区域轻松为用户做大规模需求定制，软件服务形式更为实惠，大大降低了中小企业管理软件使用门槛。

（2）创新体系

阿里巴巴软件始终坚持自主创新的路线，拥有自主知识产权的 XPlatform（阿里巴巴的快速软件开发平台）平台，满足 SaaS 模式运营下的多租户、高性能、高扩展、高容量、高安全的需求；亚洲一流的互联网监控中心，为百万企业同时在线保驾护航；依靠阿里巴巴网络运营经验，阿里巴巴软件可轻松实现高效、安全、快捷的在线管理软件服务。

阿里巴巴软件拥有全亚洲一流的监控中心，该监控中心能同时监控 3000 多台服务器，两万多个监控点，能让用户享受银行级别的数据安全保障，保证 99. 99% 级别的安全。

3. 新功能

（1）多网站用户登录

如果想同时使用阿里巴巴旗下不同网站的淘宝、贸易通账号登录阿里旺旺时，不必同时下载安装多个客户端。只要使用阿里旺旺 2008，就可以轻松方便地登录旺号、阿里巴巴中文站、淘宝网和雅虎账号，免去了安装多个客户端的烦琐。

（2）联系人分组

阿里旺旺 2008 提供了多级分组功能，可以在组内再建立子组，可以更详细更细致地管理联系人，查找起来更方便。

（3）合并聊天窗口

阿里旺旺 2008 提供了合并聊天窗口功能（不支持群聊天），可以将多个聊天窗口合而为一，方便在多人聊天时切换窗口。

（4）手写板

可以使用阿里旺旺 2008 提供的手写板功能，方便快捷地编辑和绘制表情，并发送给联系人。通过手写板的工具，可以实现一般的图画、导入系统图片、导入聊天窗口图片、图片变形、制作和编辑动画等功能。

（5）网络涂鸦

阿里旺旺 2008 提供了网络涂鸦功能，用户和联系人能够进行更充分的互动交流。

（6）群发文件

阿里旺旺 2008 提供了群发文件功能，可以同时将文件发送给多个联系人。

（7）群游客

阿里旺旺 2008 提供了群游客功能，不需要加入一个群就能看到群成员聊天，有助于会员在加入该群之前更好地对其进行了解。

（8）用户互通

使用阿里旺旺 2008，可以方便地添加雅虎通用户为联系人并进行聊天。

（9）截屏编辑图片

阿里旺旺 2008 具有更加强大的截图功能，在截图的同时能够对图片进行各种编辑，使截图能更准确明了地表达你的想法。

移动商务：边移动边做生意

阿里巴巴布局移动电子商务的五大战略如下。

1. 注重移动端影响力，主动培养用户习惯

研究显示，作为国内电商的领军企业，阿里巴巴在移动端发力较早，2008 年国内移动电商还没有开始发展的时候，阿里巴巴就已经推出了“WAP 手机淘宝”。2010 年“大淘宝无线事业部”成立，阿里巴巴移动端布局开始加速。

2012 年，支付宝通过提升移动端转账速度并且在 PC 端收取手续费的策略，引导用户使用支付宝钱包。2013 年“双十一”，通过将部分商品在天猫移动端提前开售的方法继续向移动端引流，“双十一”期间天猫移动端成交额超过 100 亿元。之后阿里巴巴又在天猫 PC 端增加了订单一键转入手机天猫获得付款优惠的活动。

经过多年努力，在传统商品领域，淘宝和天猫已经积累了大量用户，2013 年阿里巴巴移动端营收占到 15%，天猫移动端成交额已经超过 50%。

2. 投资移动社交平台，推动“社交＋生活”战略

阿里巴巴先后投资“陌陌”和“新浪微博”两款知名社交软件，获得了两个重要的移动端流量入口，减轻了对PC端流量引导的依赖。在海外市场入股TANGO（一款于2009年上线的美国移动聊天和通话应用），对于Snapchat（一款照片分享应用）与Line（一款通信软件）的投资业正在接触中。

研究认为，通过一系列战略投资，阿里巴巴在一定程度上弥补了自身在移动社交平台方面的劣势，促进了“社交＋生活”的电商战略的布局。

在电商方面，阿里巴巴拥有出众的运营能力，通过与微博在数据交换、在线支付、网络营销等领域进行深入合作，必然会在“移动端流量”和“大数据精准营销”上面将走得更远。

3. 推动资源整合，建立O2O闭环生态

不同于PC端综合平台主导的竞争格局，处于发展初期的O2O行业里垂直平台更易获得成功。然而从整体来讲，O2O目前的渗透率依然很低，多数细分领域的商业模式依然处于摸索阶段，无论是收购还是自创的扩张方式都存在很大风险。

阿里巴巴在O2O领域采取了全面出击的投资并购策略，先后收购或入股高德地图、银泰、快的打车、UC优视、穷游、佰程等一系列公司，涉及社交平台、移动搜索、团购网站、位置服务、商业地产、打车服务、在线旅游名个行业。

阿里巴巴不想放弃任何一个有前景的细分领域，再加上淘宝、天猫、支付宝，阿里巴巴的O2O闭环生态已经初步形成。

4. 自建 O2O 平台，坚持轻资产战略

在大规模投资和收购的同时，阿里巴巴并没有放弃自家平台的发展。2013 年 12 月，阿里巴巴自建的餐饮 O2O 平台淘点点已经投入运营。淘点点，定位于“点餐平台”，主要帮助买卖双方省去点餐的等待时间，提高翻台率。淘点点没有自己的“地推”团队和配送人员。

2013 年“双十一”开始，天猫开始和线下便利店合作，为用户提供代收货等增值服务。天猫自身并不负责线下拓展，而是将这项服务的商拓承包给了第三方。

5. 依靠支付宝试水尚不成熟的领域

支付宝钱包通过与快的打车合作，用补贴的方式迅速吸引了数千万注册用户。阿里巴巴希望通过打车软件获取用户位置数据，配合 O2O 服务的运营，提升了用户体验。

2014 年 8 月，阿里巴巴联合银泰在杭州武林商圈打造国内第一个 O2O“未来商圈”。此外，支付宝还推出了校园卡充值服务，为之后校园生活服务的铺开做好了准备。同时，支付宝已经开始在全国范围内与一些医院开展合作，试水 O2O 医疗。

第十五章　百度——全面布局，谋定而后动

庞大的视频库：百度视频

百度视频是一个庞大的视频库，汇集了互联网很多在线视频播放资源，拥有的中文视频资源最多，可以为用户提供最完美的观看体验。

1. 百度影音

2011 年 2 月，百度推出了一款播放器产品——百度影音，可以为用户提供全新的体验。其软件功能主要包括：

①支持功能快捷键的修改或设置，可以满足用户的个性偏好。

②可以将上次关闭播放器时的文件位置自动记录下来，再次观看时不用重头再找了。

③可以自动添加相似文件到播放列表设置，用户观看电视剧等时不用再一个个地添加文件了。

④看到自己喜欢的画面，用户可以一键轻松截取，保存下来。

⑤播放影片时，对于播放器显示在屏幕最前端的设置，可以一边看影片一边进行其他电脑操作。

⑥可以兼容主流影视媒体格式文件的本地播放，而且还处于不断更

新中。

⑦播放在线影视文件，只要将 url（统一资源定位符）复制到剪贴板，就可以享受边下边播的功能，体验在线精彩。

2. 百度视频 iPad 版

2012 年 12 月 8 日，百度视频 iPad（苹果公司发布的平板电脑）版正式登陆 App Store（苹果应用程序商店）。上线仅一天，就占据了免费应用总榜的第一名、娱乐类免费应用第一名，成为 App Store 当日的亮点应用。

百度视频 iPad 版为用户提供的视频内容更加丰富多彩，汇集了国内所有主流视频网站的片源，比如：爱奇艺、优酷、土豆等，可以播放的影片类型有：高清电影、美剧、日韩剧、热播剧、动漫等。

百度视频 iPad 版，内嵌了百度独创的移动云播放内核技术，支持智能解码、云端加速，大大提高了高清视频播放的清晰度和流畅度。

3. 百度视频进军移动市场

继百度视频 iPad 版、安卓版发布后，百度视频开始进军移动市场。2013 年 1 月初，百度视频 iPhone 版正式登陆 App Store，上线一周便立刻攀升至娱乐类应用第一名，聚合了全网的视频资源，如电影、电视剧、动漫、综艺、新闻、美女等。如果某个视频有多个来源，用户不仅可以查看各个片源网站，还能根据自己的喜好选择片源。

4. 百度视频的 4D 功能

多屏时代，视频是含金量最高的入口。伴随着移动互联的不断挺进，移动视频端的重要性更加突显出来。2013 年各视频网站的竞争基本都是围绕着“内容为王”展开，采用的方式也是多种多样，如资源整合、高价冠名电视节目或是自制剧、邀请自媒体达人入驻等。在各家视频网站进行殊死搏斗时，百度视频 App 新增看 4D 功能，在技术上实现了差异化。

一直以来，海量的视频资源都是百度视频最大的特色。当海量的视频资源遇到全新的可触摸视频科技时，极大地提高了百度视频的竞争力，给用户带来了更加独特的体验。

4D 视频的诞生意味着，3D 电影从电影院搬到了用户掌上，用户在掌上不仅能享受到 3D 视频的视觉享受，还能触摸到视频精彩内容。

24 小时的自动新闻服务：百度新闻

百度新闻是目前世界上最大的中文新闻搜索平台，是一种24 小时的自动新闻服务，每天都会发布多条新闻。这些新闻源共来自 500 多个权威网站，热点新闻则由新闻源网站和媒体每天“民主投票”选出，不含任何人工编辑的成分，可以真实地反映出每时每刻的新闻热点，没有新闻偏见，突出了新闻的客观性和完整性。

百度新闻，主要包括以下多个新闻搜索服务：

①新闻浏览，用户可以浏览到不同分类的焦点新闻、最新新闻、图片新闻等，机器每 5 分钟自动选取更新一次。

②新闻搜索，用户只要输入相关词汇，就可以找到搜索结果，或看新闻全文、新闻标题，或看按时间排序和按新闻内容相关性排序的新闻。

③个性化新闻，这是一个根据用户的兴趣和习惯设置新闻内容的个性化平台。用户可以根据自己的意愿设置关键词，如儿童、女性、旅游等；还可以选择自己关心的地区新闻。这些新闻都是百度根据计算机算法得出的检索结果，客观而全面。

地图终结者——百度地图

百度地图是百度提供的一项网络地图搜索服务，内容包括了约 400 个城市、数千个区县。在百度地图里，用户既可以查询街道、商场、楼盘等地理位置，还能够找到离自己最近的餐馆、学校、银行、公园等资源。2010 年 8 月 26 日，百度地图还增加了三维地图按钮。从 2014 年 12 月 15 日，百度与诺基亚合作后，百度还为用户提供了中国内地以外的地图数据服务。

百度地图的使用，主要体现在下面几个方面：

1. 地点查询

百度地图提供了三种地点搜索：普通搜索、周边搜索和路况搜索。利用百度地图，用户可以迅速准确地找到自己所需要的地点。

（1）普通搜索

将搜索框设置为搜索状态，用户只要输入要查询的地点名称或地址，点击“查询”，就能够得到想要的结果。

（2）周边搜索

在地图上，点击鼠标右键，选择“在此点附近找”，就可以快速发起搜索。之后，地图左侧显示出搜索结果和距离，用户甚至还可以在结果页更换距离或更改自己要查询的内容。

（3）路况搜索

如果想看看该地的路况，只要点击右上角的“路况”即可。届时，当地的路况就会直接展现在地图上。

2. 公交查询

百度地图提供了三种公交搜索方式：换乘查询、路线查询和站点查询，可以满足用户生活中的公交出行需求。

（1）换乘查询

在搜索框中直接输入“从××到××”，或者选择公交，并在输入框中输入起点和终点，就可以发起查询。这时候，左侧文字区域就会显示出精确的公交方案，包括公交和地铁；下方还有“推荐路线”“时间短”“少换乘”和“少步行”四种策略供用户选择。

（2）公交线路查询

在搜索框中或公交线路查询页，只要输入公交线路的名称，就可以看到对应的公交线路。左侧文字区域，则会显示出该条线路所有途径的车站、运营时间和票价等信息，右侧地图则会将该条线路在地图上完整地描绘出来。

（3）站点查询

百度地图还专门为用户提供了一个便捷的站点查询专题，可以直接看到该站点附近的公交。

3. 驾车查询

百度地图不仅为用户提供了驾车方案查询（包含跨城市驾车），还能添加途经点，方便用户自驾出行。

（1）驾车方案查询

在搜索框中直接输入“从××到××”，或者选择驾车，并在输入框中输入起点和终点，就可以发起查询。左侧文字区域提供了“推荐路线”“最短路程”和“不走高速”三种选择方案；右侧地图则标明了该方案的具体行车路线。

（2）跨城市驾车查询

百度地图支持全国各城市间的驾车查询，用户只要在搜索框直接输入城市名，就可以查询到详细的驾车方案。

（3）步行导航

百度地图对步行导航进行了升级，对于天桥、地下通道、人行道、广场、公园、阶梯等设施，能更智能、更准确地给出导航。

厚重的网络百科全书：百度百科

百度百科是百度在2006年4月20日推出的一个基于搜索平台建立的社区类产品，其强大的内容生产能力，可以为用户提供权威、可信的知识，这些都构成了百度百科的核心竞争力。这部网络百科全书，特色功能如下。

1. 数字博物馆

百度百科与全国的知名博物馆合作，共同开发了一个互联网平台——数字博物馆。通过音频讲解、实境模拟、立体展现等多种形式，用户通过互联网就能够身临其境地观赏到各种珍贵展品，能够更便捷地获取信息、了解知识，实现了电脑端和手机端的同步展现。

2. 城市百科

百度百科与地方政府共建了“城市百科”，每个城市都能够根据自身情况，在各自的城市百科中涵盖包括历史、文化、旅游、人物、美食、建设等多方面内容。如此，用户在家里就可以了解到最全面最及时的城市信息，用户只要输入相关的文字就可以看到该城市的网络名片页面。

3. 明星百科

百度百科与经纪公司的合作，或百度百科明星团与粉丝合作，不仅提升了明星词条质量，还对页面进行了升级，打造了一站式的明星聚合页，如明星大图、百科专属 VCR（一种装有活动录像带盒的录像机）、明星动态、鲜花榜和其他特型等。

4. “二战”百科

2015 年 9 月 3 日，中国人民抗日战争及世界反法西斯战争胜利 70 周年纪念日，各大网站都推出了再现历史的专题报道。上线的“‘二战’百科”专题，以全景式的内容组织、全方位的宏大叙事、全屏幕的动态视觉效果，将第二次世界大战的历史进行了完整串联，再现了历史原貌。

5. 非遗百科

百度百科非遗专题集合页包含了“咏春拳”和其他非遗项目共 1377 个，使用中英双语版页面，为中国非物质文化遗产搭建了一个国际化的舞台。

6. 高校百科

推出了全国高校集合页，收录了全国所有本科和专科院校，还可以按地区、办学性质、学校分类等查找。对本科专科高校词条内容进行全面更新梳理，内容更丰富，条理更清晰。

7. 法院百科

法院百科的项目由最高人民法院发起，由全国各级法院提供内容，极具权威性。只要在百度上搜索法院名称，就可以进入对应的百科词条，找到国内 3496 家法院的最权威、详细、全面的信息，包括具体地址、联系电话、官方网站、机构设置等。

……

在互联网时代，百度百科可以满足大部分网民迅速获取知识的需求，向所有人开放了一个免费获取知识的途径，实现了互联网时代的“开启民智”！

随身随付：百度钱包

百度钱包，是中国领先的在线支付应用和服务平台。其将百度旗下的产品、商户与广大用户直接“连接”在了一起，为用户提供了超级转账、付款、缴费、充值等支付服务，全面打通了O2O生活消费领域；同时，其还提供了“百度金融中心”业务，用户可以轻松享受一站式的支付生活。

百度钱包为消费者打造了一个“随身随付”“优惠无处不在”的钱包，可以满足用户在线充值、在线支付、交易管理、生活服务、提现、账户提醒等需求。其功能如下。

1. “超级转账”功能

连接了129家银行，覆盖了除西藏地区外的全国范围。通过此功能，用户不需要登录网银，不需要使用U盾、安装控件等便可完成转账支付；同时，没有异地和跨行手续费；此外，还提供付款方和收款方的“双方”免费短信通知。

2. 充值功能

目前，百度钱包手机充值、网游充值等一直保持着全网最低价。

3. 会员积分功能

用户通过“百度钱包”进行消费，可以获得累计积分，积分可以在个人账户中查询，用户可凭借积分获取特殊权益，还可通过积分抵现的方式参与活动。

4. 理财功能

用户可以通过“百度钱包”购买百度理财平台多款理财产品，如百度理财B、百赚、百发（团购）、百赚利滚利等。

2015年11月18日，李彦宏在出席“百信银行”成立发布会时，正式公布了百度钱包的常年返现计划：消费者通过百度钱包的每一笔消费，均可以立即得到1%起的现金返还。这项返现计划是无限期的，消费者获得返利的现金可以实现长期累积。

区别于以往的红包、优惠券等模式，百度钱包“常年返现计划”在国内的第三方支付平台中尚属首例，增强了百度抢滩移动支付、决胜O2O的实力。

参考文献

[1] 席勒. 新金融秩序 [M]. 束宇，译. 北京：中信出版社，2014.

[2] 豪根. 新金融学——过度反应、复杂性及其结果（第四版）（经济学通识教育译丛）[M]. 马亚，译. 北京：中国人民大学出版社，2012.

[3] 斯蒂芬·赫克，马特·罗杰斯，保罗·卡罗尔. 资源革命：如何抓住一百年来最大的商机 [M]. 粟志敏，译. 杭州：浙江人民出版社，2015.

[4] 王开良. 资本运营技巧与风险管理 [M]. 北京：中国书籍出版社，2013.

[5] 福克斯. 报童瑞恩——送报纸的巴菲特美国式直线创富法则 [M]. 田丽，译. 北京：中国青年出版社，2011.

[6] 方玉麟，纽菲尔德，康波. 信息资源创富的中国实践与国际趋势 [M]. 北京：北京师范大学出版社，2013.

[7] 张鼎昆. 管理场——激发组织正能量的领导力 [M]. 北京：清华大学出版社，2013.

[8] 张世贤，杨世伟，赵宏大，等. 中国企业品牌竞争力指数系统理论与实践 [M]. 北京：经济管理出版社，2011.

[9] 李卫东. 企业竞争力评价理论与方法研究 [M]. 北京：中国市场出版社，2009.

[10] 哈里斯. 沟通分析的理论与实务 [M]. 林丹华，周司丽，译. 北京：中国轻工业出版社，2013.